Animal Embroidery from Fairy Forest

おとぎの森の
動物刺繍

spica-pika
ヤマノウチユイ

河出書房新社

もくじ

春の訪れ

刺繍の仕方

4　春を告げるツバメ ⇒54
5　アネモネとバンビ ⇒55
6　いちごが大好きなカエル ⇒55
7　たんぽぽを持つクマ ⇒57
チューリップを持つウサギ ⇒56

実りの秋

8　きのこ博士のフクロウ ⇒57
9　秋の実りを運ぶロバ ⇒58
10　きのこを傘さすリス ⇒58
11　りんごを抱えるキツネ ⇒59
どんぐりポシェットのウサギ ⇒59

愉快なサーカス

12　サーカス団長のペンギン ⇒60
玉乗りしているライオン ⇒60
パラソルを持つキリン ⇒61
13　ステージの上のゾウ ⇒61
ピエロのウサギ ⇒62

不思議の森のアリス

14　いたずら好きなチェシャねこ ⇒62
15　アリスのリス ⇒63
16　せっかちな白ウサギ ⇒63
ハートの女王のヒツジ ⇒64
17　ティーポットに入った眠りネズミ ⇒64
帽子屋のアライグマ ⇒65

絵本の森の赤ずきん

18　赤ずきんのリス ⇒65
19　赤ずきんと友だちになりたいオオカミ ⇒66

甘いパステルのパティスリー

20　アイスクリーム屋さんのウシ ⇒66
カップケーキ屋さんのクマ ⇒67
プリン屋さんのプードル ⇒67

陽気な仲間のベーカリー

21　焼き立てバゲットを持つパンダ ⇒68
サンドイッチが食べたいネコ ⇒68
メロンパンがおすすめのハト ⇒69

フルーツ・コーディネート

22　いちごのワンピースの垂れ耳ウサギ ⇒69
りんごのワンピースのウサギ ⇒70
23　オレンジのワンピースのウサギ ⇒70
レモンのエプロンのウサギ ⇒71
キウイのブラウスのウサギ ⇒71

Hello, 民族衣装

24 オランダ・フォーレンダムを着たウサギ ⇒72
25 チャイナ服のパンダ ⇒73
メキシコ・ポンチョのインコ ⇒73

レトロ可愛い着物

26 蝶の柄の振袖を着たウサギ ⇒74
27 矢絣の羽織にブーツを履いたネコ ⇒75
縞エプロンのクマ ⇒75

ファンタジーな夢の国

28 ぬいぐるみのウサギ ⇒76
ぬいぐるみのパンダ ⇒76
30 虹をまとった夢喰いバク ⇒77
王冠を載せた夢色スワン ⇒77
31 夢見るピンクのユニコーン ⇒78

アン、ドゥ、トロワ

32 レッスン中のウサギ姉妹 ⇒79

花に囲まれて

34 バスケットに入っちゃったウサギ ⇒80
35 野原で遊ぶ花冠のウサギ ⇒81

36 基本の材料
38 基本の道具
39 COLUMN spica-pikaの制作ノート①
40 基本の刺繍の仕方
SAMPLE 1 アリスのリス
SAMPLE 2 レッスン中のウサギ姉妹
50 この本で使う基本のステッチ
52 COLUMN spica-pikaの制作ノート②

54 掲載作品の刺繍の仕方
82 掲載作品の実物大図案
92 小物の仕立て方

Brooch
春を告げるツバメ » p.54

春の訪れ

Brooch

アネモネとバンビ » p.55

Brooch
いちごが大好きな
カエル » p.55

Brooch
たんぽぽを持つクマ » p.57

Brooch
チューリップを持つウサギ » p.56

実りの秋

Brooch
きのこ博士のフクロウ » p.57

Brooch
秋の実りを運ぶロバ» p.58

Brooch

きのこを傘さすリス » p.58

Brooch
りんごを抱えるキツネ » p.59

Brooch
どんぐりポシェットのウサギ » p.59

愉快なサ〜カス

サーカス団長の
ペンギン » p.60

パラソルを持つ
キリン » p.61

玉乗りしている
ライオン » p.60

ステージの上の
ゾウ » p.61

ピエロのウサギ » p.62

不思議の森のアリス

Brooch
いたずら好きな
チェシャねこ » p.62

Brooch
アリスのリス » p.63

Brooch
せっかちな白ウサギ» p.63

Brooch
ハートの女王のヒツジ» p.64

Brooch
ティーポットに入った
眠りネズミ » p.64

Brooch
帽子屋のアライグマ » p.65

絵本の森の赤ずきん

III
noch nie hat man wissen
was ihr in euerem Wesen seid.
Ihr, wie mit lauter Löchern von Sieben
erfüllten Zwischenräume der Zeit.
Ihr, noch des leeren Saales Verschwender —,
wenn es dämmert, wie Wälder weit . . .
Und der Lüster geht wie ein Sechzehn-Ender
durch eure Unbetretbarkeit.
Manchmal seid ihr voll Malerei.
Einige scheinen in euch gegangen —,
andere schicktet ihr scheu vorbei.
Aber die Schönste wird bleiben, bis
drüben in ihre enthaltenen Wangen
eindrang der klare gelöste Narziß.

Brooch
赤ずきんのリス » p.65

Brooch
赤ずきんと友だちに
なりたいオオカミ » p.66

甘いパステルのパティスリー

アイスクリーム屋さんのウシ » p.66

プリン屋さんのプードル » p.67

カップケーキ屋さんのクマ » p.67

焼き立てバゲットを
持つパンダ » p.68

サンドイッチが
食べたいネコ » p.68

メロンパンが
おすすめのハト » p.69

陽気な仲間のベーカリー

フルーツ・コーディネート

Brooch
いちごのワンピースの
垂れ耳ウサギ » p.69

Brooch
りんごのワンピースの
ウサギ » p.70

Brooch
オレンジのワンピースのウサギ » p.70

Brooch
レモンのエプロンのウサギ » p.71

Brooch
キウイのブラウスのウサギ » p.71

Hello, 民族衣装

オランダ・フォーレンダムを
着たウサギ » p.72

Brooch
チャイナ服のパンダ » p.73

Brooch
メキシコ・ポンチョのインコ » p.73

レトロ可愛い着物

蝶の柄の振袖を着たウサギ » p.74

Brooch
矢絣の羽織にブーツを
履いたネコ » p.75

Brooch
縞エプロンのクマ » p.75

ファンタジーな夢の国

Mini tote bag
ぬいぐるみのウサギ » p.76
ぬいぐるみのパンダ » p.76

Purse with a clasp
虹をまとった夢喰いバク » p.77

Purse with a clasp
王冠を載せた夢色スワン » p.77

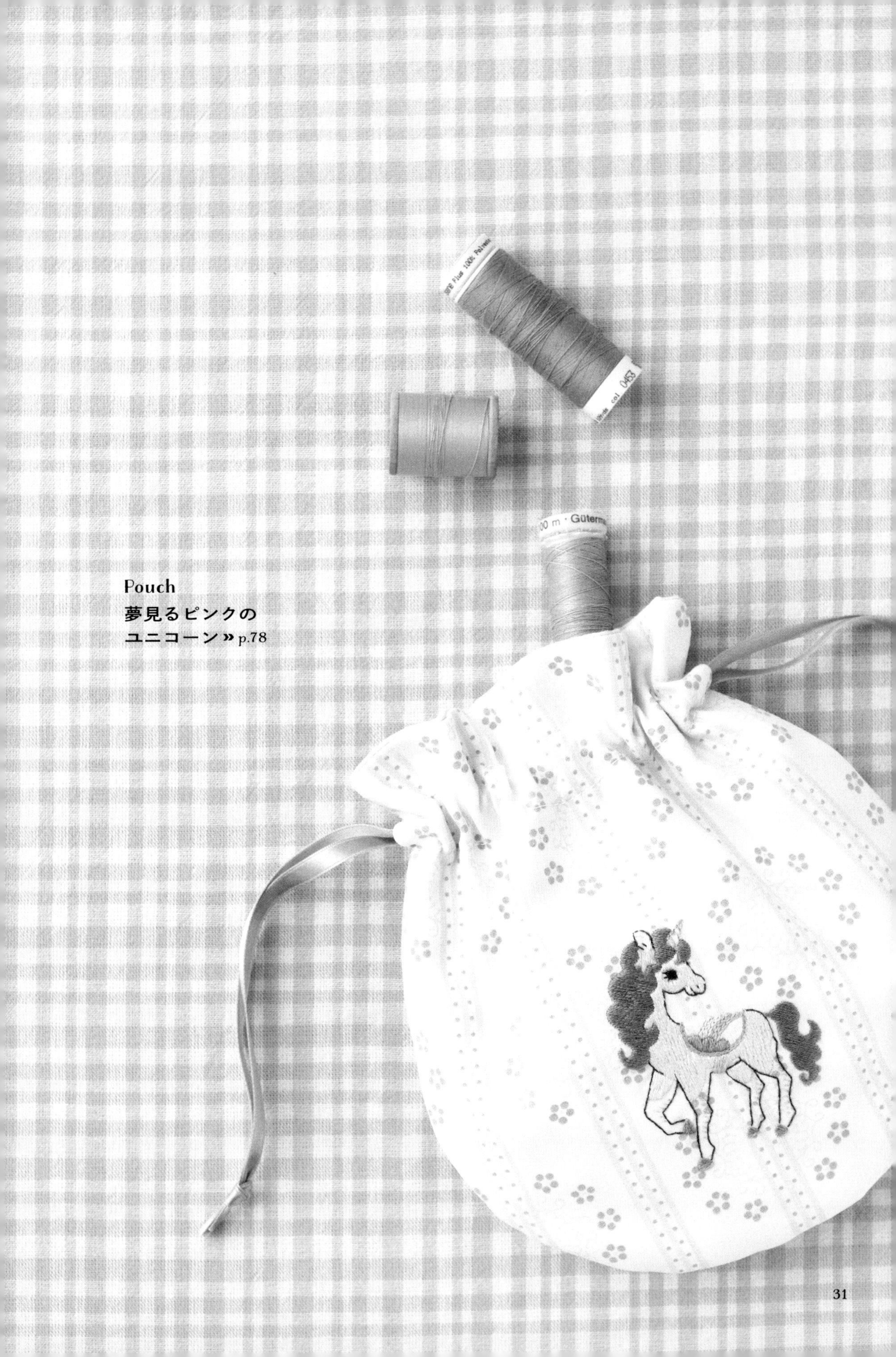

Pouch
夢見るピンクの
ユニコーン» p.78

アン、ドゥ、トロワ

レッスン中の
ウサギ姉妹 » p.79

バスケットに
入っちゃったウサギ» p.80

花に囲まれて

野原で遊ぶ花冠のウサギ » p.81

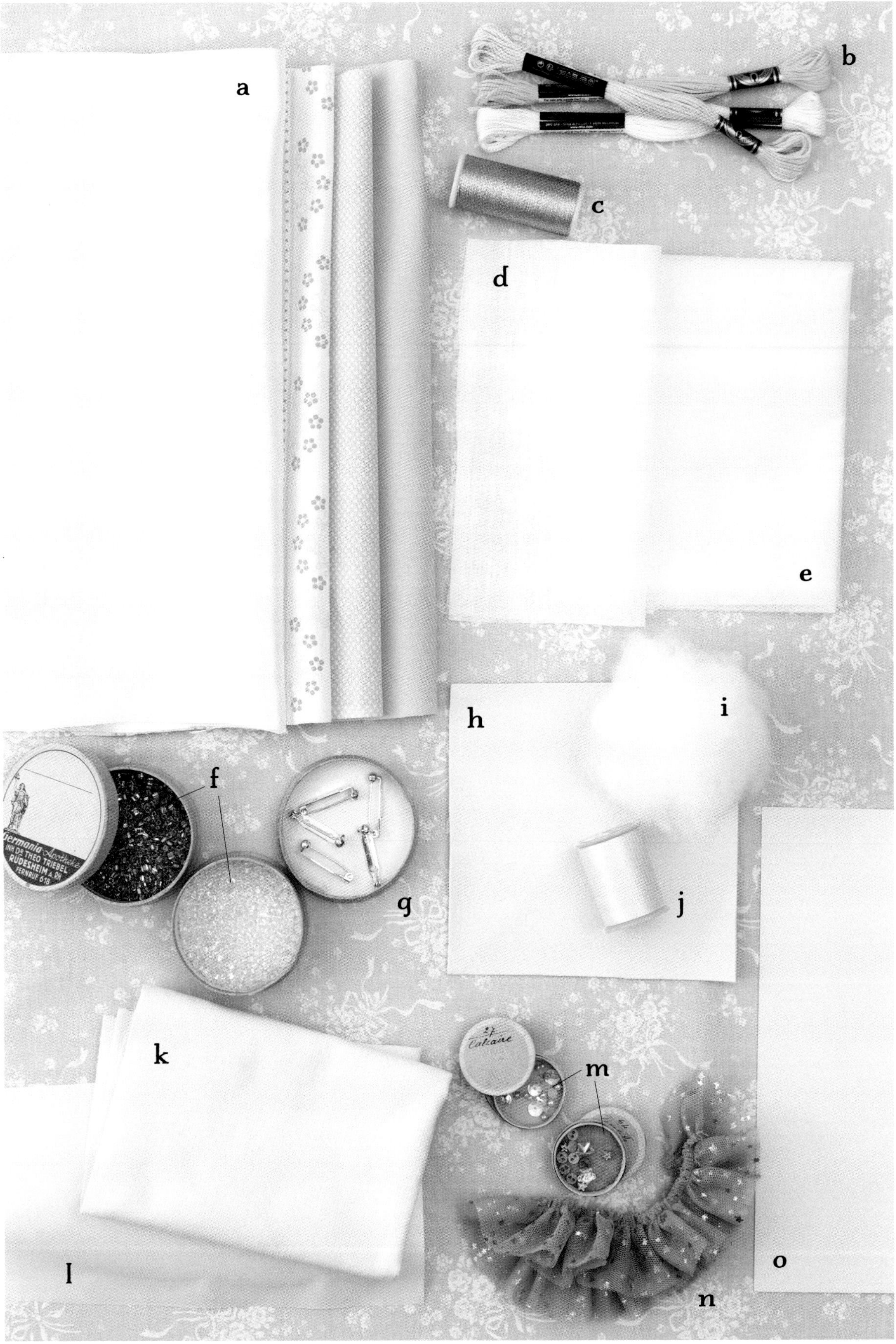
a
b
c
d
e
f
g
h
i
j
k
l
m
n
o
INH Dr THEO TRIEBEL
RÜDESHEIM A. RH
FERNRUF 618

基本の材料

**この本の掲載作品を作るために使う材料を紹介します。
仕上げ方にあわせて、必要なものを準備してください。**

刺繡の材料

a 布

刺繡する図案にあわせて、色や柄を好みで選びましょう。この本では、ブローチに仕立てる際は、仕上がりの印象のよさからシャンタンというサテン生地を、その他は綿布を使っています。

b 刺繡糸

綿100%の25番刺繡糸。6本撚りになっているので、指定の本数に引き揃えて使用します。この本ではすべてDMC25番刺繡糸を使用。

c メタリック刺繡糸

服の縁飾りなどをイメージして、作品のアクセントに使っています。DMCディアマントを使用。

d ソフトトレーシングペーパー

図案を布に写す際に使用。転写シートが不要でこれ1枚で図案写しができてとても便利です。

e 接着芯

刺繡をする部分の布裏に接着することで、張りが出て刺繡がしやすく、仕上がりがきれいになります。アイロン接着タイプがおすすめ。

ブローチに仕立てる際の材料

f 丸大ビーズ（3mm）

ブローチのまわりに縫いつけて飾ります。この本では金茶銀引とクリスタルの2色を使用しています。

g ブローチピン（28mm）

ブローチの裏布に縫いつけます。

h フェイクスウェード

ブローチの裏布に使用。なめらかで心地よい肌ざわりが魅力です。切りっぱなしで使えるもの（フェルトなど）で代用ができます。

i 手芸わた

ブローチの中に詰めて、ふっくらとさせます。

j 手縫い糸

刺繡した布と裏布とを縫い合わせるときに使います。その他、刺繡枠に飾る場合に布端を処理する際にも使用。

アップリケやデコレーションをする際の材料

k アップリケする布

この本では、うさぎをアップリケしているので、質感や雰囲気から白のコーデュロイを使用しています。

l アイロン接着シート

アップリケしたい布を、台となる布にアイロンで接着することができます。

m ビーズ、スパンコール

色、形、大きさなど好みで自由に選び、刺繡のまわりを飾ります。

n チュール

この本ではアップリケしたうさぎの衣装に使っています。

その他

o 画用紙

完成した刺繡を刺繡枠に入れて飾る際、作品の裏に画用紙をあてています。こうすることで裏が透けず、表から作品がきれいに見えます。

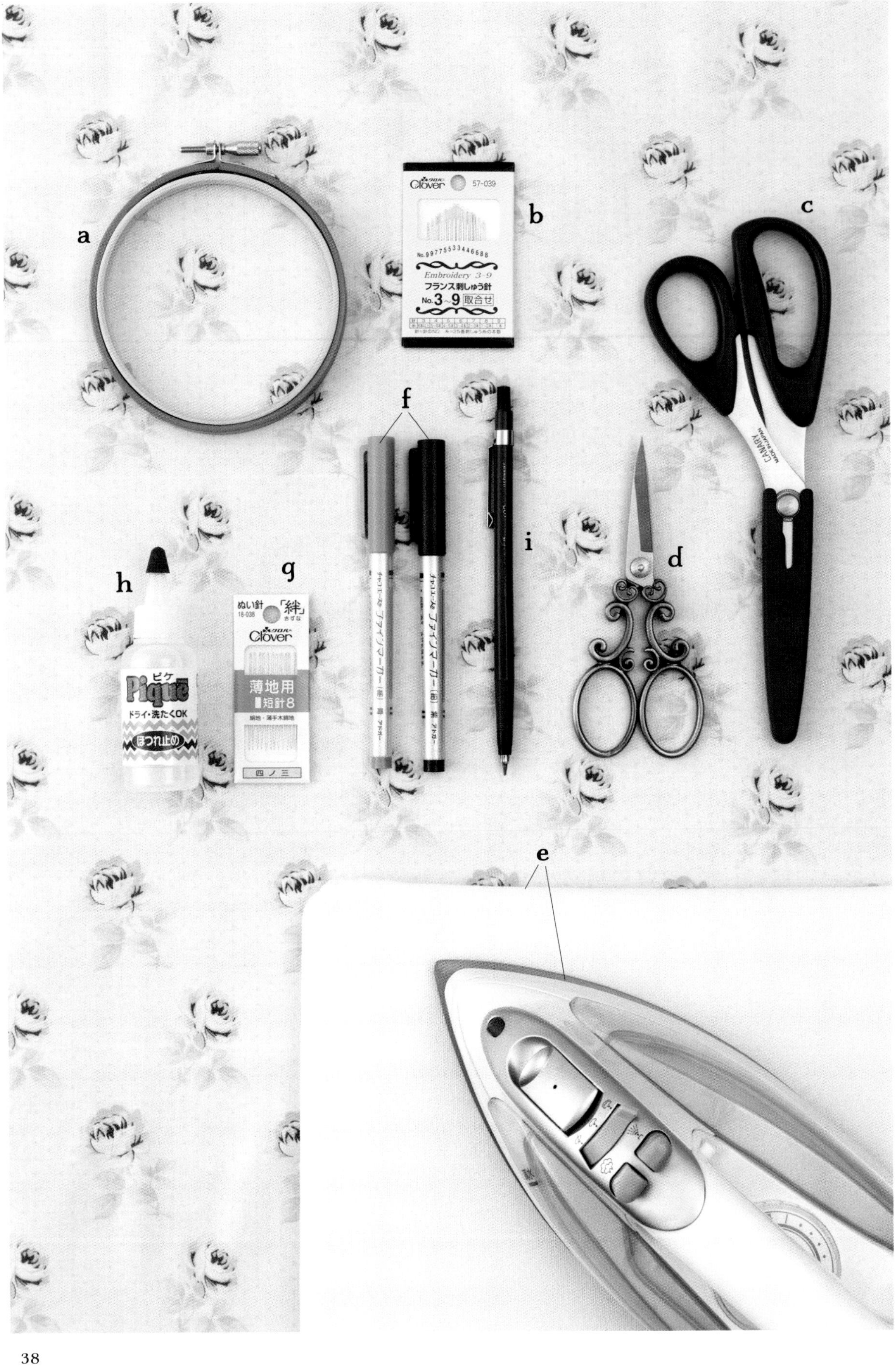
a
b
Clover
57-039
Embroidery 3~9
フランス刺しゅう針
No.3~9 取合せ
c
CANARY
f
i
d
h
ピケ
Piqué
ドライ・洗たくOK
ほつれ止め
g
ぬい針
18-038
「絆」
Clover
薄地用
短針8
四ノ三
ファインマーカー
e

基本の道具

この本の掲載作品を作るために使う道具を紹介します。
こちらを参考にしながら、ご自身が使いやすいものを準備してください。

刺繍の道具

a 刺繍枠

図案にあわせて、使いやすいサイズを使いましょう。

b 刺繍針

使用する刺繍糸の本数にあわせて針の太さを選びます。

c 裁ちばさみ

布など大きなものを切る際に使います。

d 糸切りばさみ

刺繍糸や手縫い糸を切る際に使います。

e アイロンとアイロン台

刺繍を始める前に、布の裏に接着芯(アイロン接着タイプ)を貼ります。その他、アップリケをする際に使うアイロン接着シートなどを貼る際にも。ドライの中温で使用してください。

f 図案写し用のペン

細書きタイプがおすすめです。時間が経つと自然に消えるタイプ(紫)は、消す手間が不要ですが時間とともに消えてしまうので、数日にわたり刺繍をしている場合には最初に描いた線が消えてしまうことがあります。水で消えるタイプ(水色)は、最後に洗う手間が必要ですが、それまでは消えずに残るので再度図案を写したり描いたりすることはありません。どちらも専用のイレーサーでなぞればすぐに消すことができます。

ブローチに仕立てる際の道具

g 手縫い針

刺繍をした表布と裏布を縫いあわせる際に使います。布にもよりますが薄手のものを使うなら「四ノ三」がおすすめ。

h ほつれ止め液

刺繍のまわりに塗って乾かし、切りっぱなしでも布がほつれないようにします。

その他

i シャープペンシルや鉛筆

アイロン接着シートに図案を写す際や、刺繍枠に使う画用紙を切る際の目印を書く際に使います。

COLUMN
spica-pikaの制作ノート①

　刺繍枠はさまざまなメーカーのものを使っています。市販の色つき刺繍枠も使いますが、作品の世界観にあった色が欲しくて、自分で色を塗ったものもあります。ターナー色彩の「ミルクペイント」を混ぜ合わせて好みの色を作っています。
　また、布を巻いてデコレーションすることも。布を1.5cm程の幅に切り、端をグルーガンで接着して巻きつけています。

基本の刺繍の仕方

２つの作品を例に、基本の刺繍の仕方や
その他の手法について紹介します。
制作の流れ、細かなコツやポイントを押さえて、
動物たちを可愛く仕上げてください。

SAMPLE 1 アリスのリス » p.15

刺繍した動物をブローチに仕立てます。
この本に多く登場する
「刺繍ブローチ」の作り方を追いながら、
図案を写すところから作品を完成させるまでの
基本の工程を覚えましょう。
＊文章内のＳはステッチの略です。
＊ステッチ名のあとの(　)内の数字は糸の本数を表しています。

刺繍を始める準備

1

刺繍する布(ここではサテン)の裏に、接着芯をアイロンで貼る。

2

図案の上に、ソフトトレーシングペーパーを重ね、上から図案写し用のペンで図案をなぞる。

3

ソフトトレーシングペーパーに図案を写したところ。

4

図案を写したソフトトレーシングペーパーを刺繍する布の表に重ね、上から図案写し用のペンで写した図案をもう一度なぞる。

5

布に図案を写したところ。

point

この本で多く使用しているサテンは、ペンがにじみやすい。これに対して、綿布は上写真のようにペンがにじみにくく、線がはっきりする。

6

刺繍枠にはめる。

顔と輪郭を刺繍する

7

目を**サテンS**(2)で刺繍する。糸目を対称にして目の向きを意識する。

8

まつげ、鼻、口は**ストレートS**(1)、舌は**オープンレゼーデージーS**(1)。輪郭は**バックS**(1)をしながら、図案にあわせて**ストレートS**を刺す。

服（部分）と靴を刺繍する

9

しっぽは**ストレートS**(1)、手と足は**バックS**(1)、指は**ストレートS**(1)をする。全体の輪郭のうち、同じ色の部分を刺し進める。

10

袖とエプロンの輪郭は**バックS**(1)。袖のタックは**ストレートS**(1)。

11

衿は**サテンS**(2)。糸の方向で衿の広がりを表現する。袖口は**サテンS**(2)を2列刺し、幅を出す。

12

リボンは**サテンS**(2)。まずリボンの真ん中に糸を渡す。

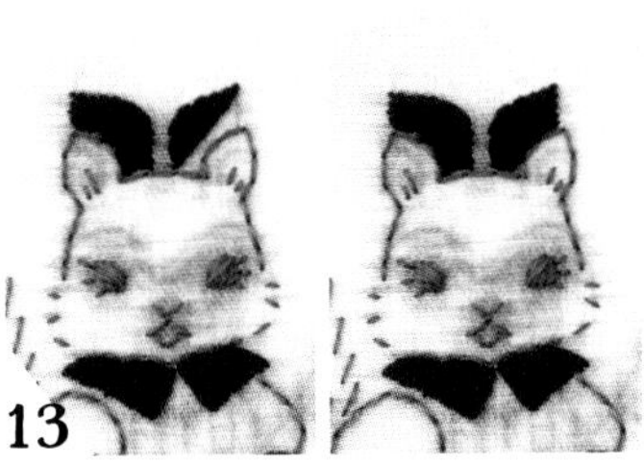

13

真ん中から外側に向かって埋めていく。

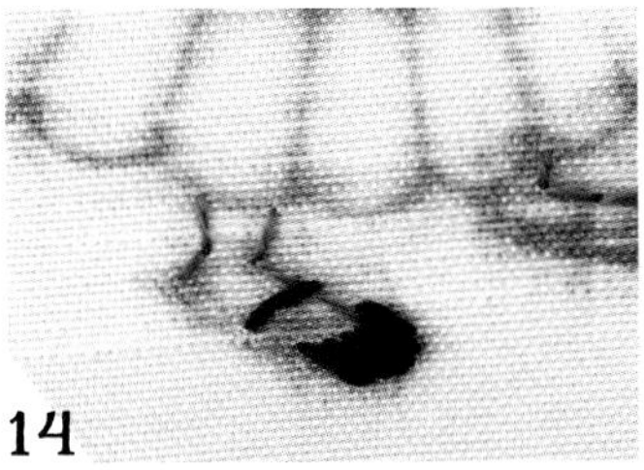

14

靴のストラップは**ストレートS**(2)。靴先は**サテンS**(2)で丸みを表現する。

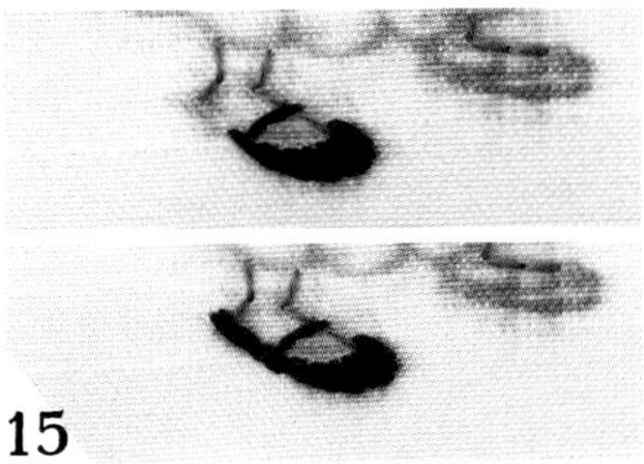

15

そのまま**サテンS**(2)で靴のサイドからかかとまで刺す。

16

左足の靴も刺したところ。同じ色の糸で刺せるところを続けて刺すと効率的。

顔と服の面を埋める

17

顔の模様を**サテンS**(2)で埋める。まず真ん中に糸を渡す。

18

真ん中から外側に向かって埋めていく。

19

片端まで**サテンS**(2)で埋めたところ。

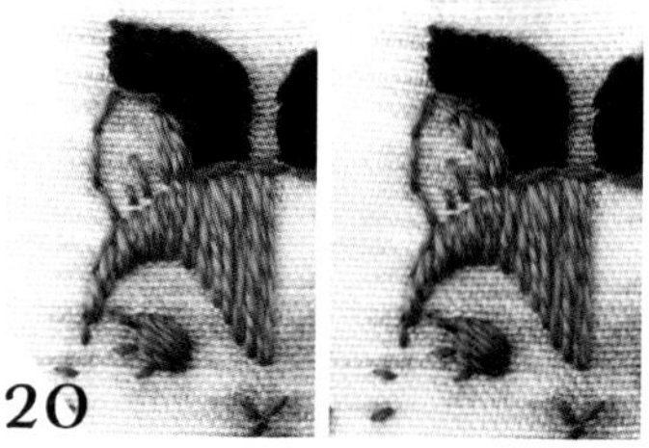

20

その上の耳を**サテンS**(2)で埋める。

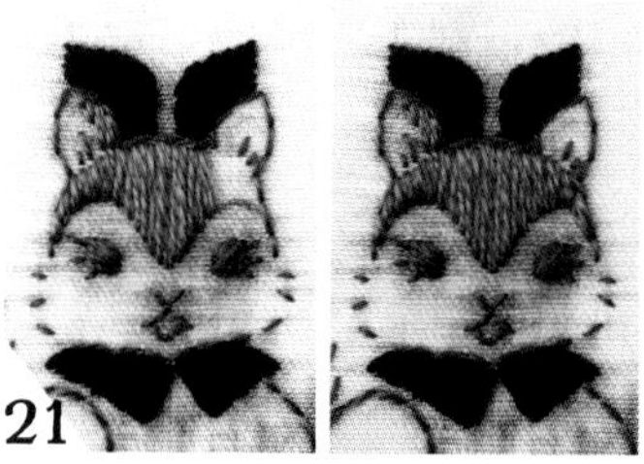

21

顔の真ん中から、反対の外側に向かって埋めていく。

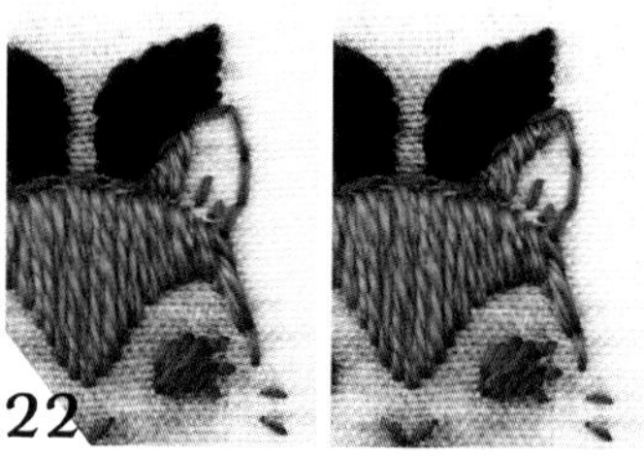

22

その上の耳を**サテンS**(2)で埋める。

23

服の身頃を**サテンS**(2)で埋める。まず真ん中に糸を渡す。

24

真ん中から外側に向かって刺し、端まで埋める。

25

反対側も同様に、真ん中から外側に向かって埋める。

26

スカートはプリーツを1つずつ刺し埋めていく。面積が広いところは**ロング&ショートS**(2)。裾のほうから刺し始める。

27

1つめのプリーツを埋めたところ。

28

2つめのプリーツを埋めたところ。

29

3つめのプリーツは、面積が小さいので**サテンS**(2)。まず、真ん中に糸を渡す。

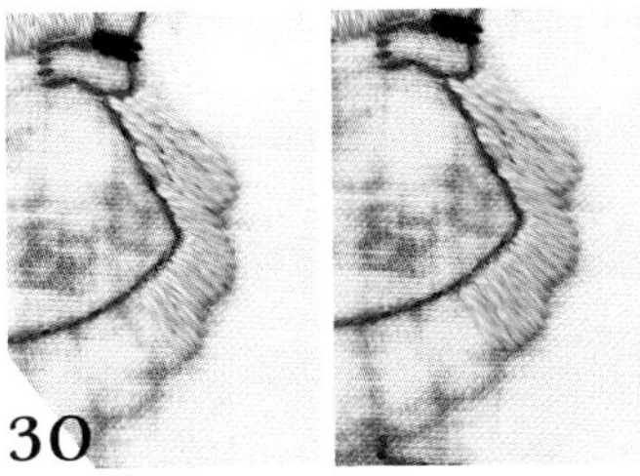

30

真ん中から外側に向かって刺し、端まで埋める。反対側も同様にして埋める。

31

サテンS(2)を繰り返す。

32

面積が広いところは、再び**ロング&ショートS**(2)。裾のほうから刺し始める。

細かい部分を刺繍する

33

スカートを最後まで刺し埋めたところ。

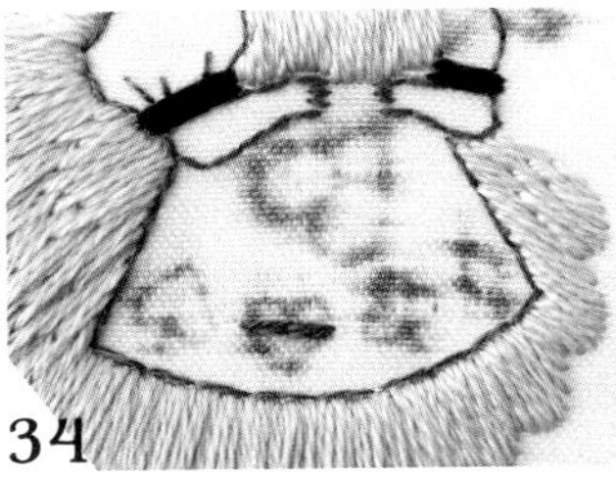

34

エプロンのトランプ柄は**サテンS**(2)。小さな模様も、最初に糸で区切り、パーツ分けして刺すときれいに形が出る。まず、ハートの真ん中に糸を渡す。

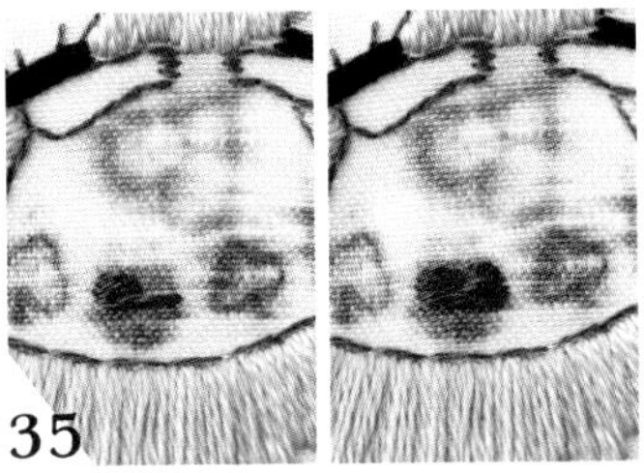

35

上の丸みの部分をそれぞれ刺す。

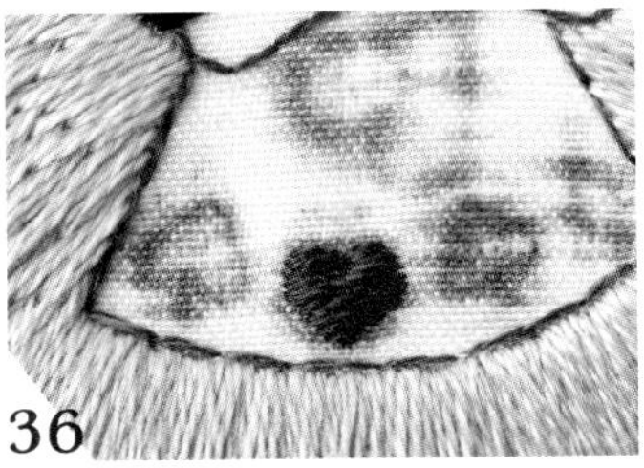

36

真ん中より下の部分を刺す。

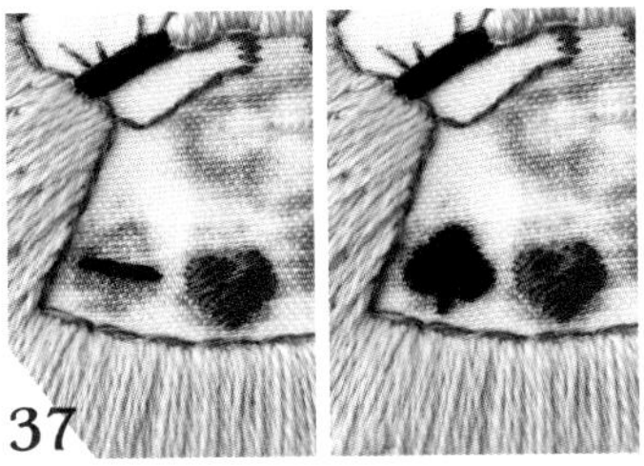

37

スペードも真ん中に糸を渡し、上下を刺す(ハートの逆向きと考えると分かりやすい)。最後に**ストレートS**(2)を刺す。

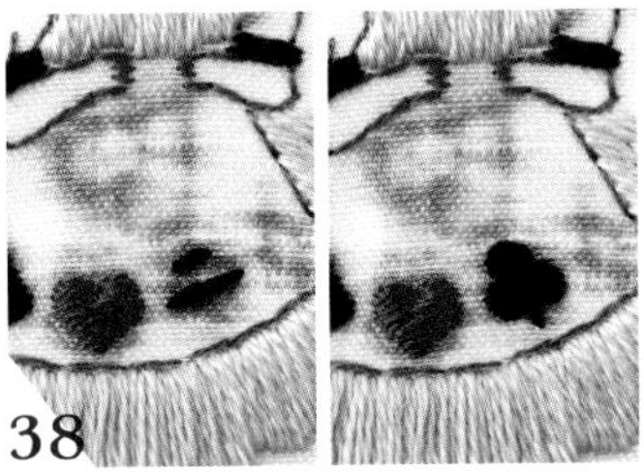

38

クローバーは2箇所に糸を渡す。上、左右のまとまりを刺し、最後に**ストレートS**(2)を刺す。

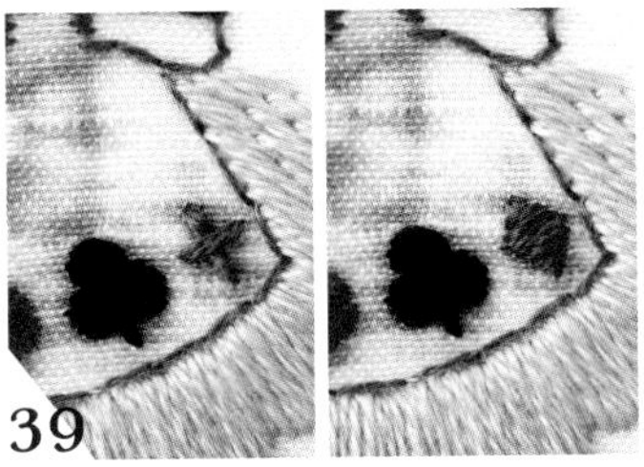

39

ダイヤは十字に糸を渡し、ダイヤ形のガイドにする。十字の上に**サテンS**(2)をかぶせて刺す。

40

刺繍した部分に、**4**のソフトトレーシングペーパーを重ね、洋服のストライプの図案を図案写し用のペンでなぞり、刺繍した部分に写す。

41

水色のスカートにストライプの図案を写したところ。

42

バックS(2)でスカート、**ストレートS**(1)で身頃のストライプを刺繍する。

43

42のストライプの間に、さらにストライプを刺繍する。スカートは**バックS**(1)、身頃は**ストレートS**(1)。

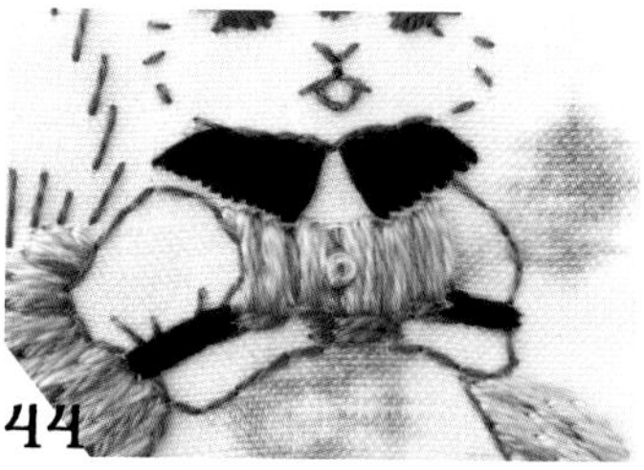

44

ストレートS(2)でベルトを、**フレンチノットS**(2)2回巻きでボタンを刺繍する。

45

ストレートS(2)で舌の内側を埋める。

46

しっぽの毛並みを図案写し用のペンで描き足す。

47

ストレートS(1)で毛並みを刺繍する。

48

毛並みを刺繍し終えたところ。

49

リボンの結び目は**サテンS**(2)、衿の縁は**バックS**(2)で刺繍する。

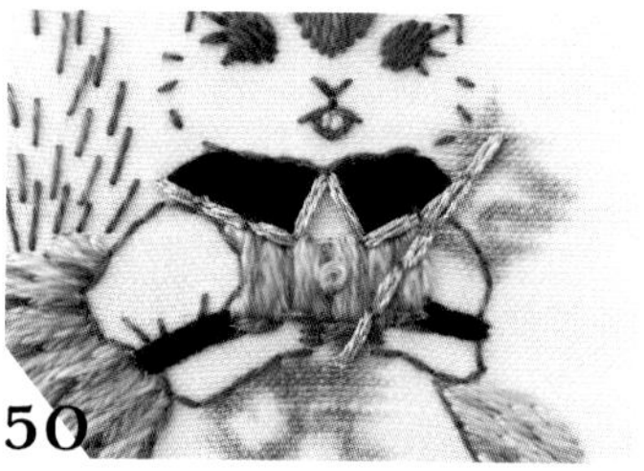

50

鍵の柄を**バックS**(2)で刺繍する。

51

鍵の持ち手を**バックS**(2)で刺繍する。**ストレートS**(2)を1箇所かぶせる。

52

鍵の先端の部分を**サテンS**(2)で刺繍する。

53

刺繍の完成。

ブローチ用に布を切る

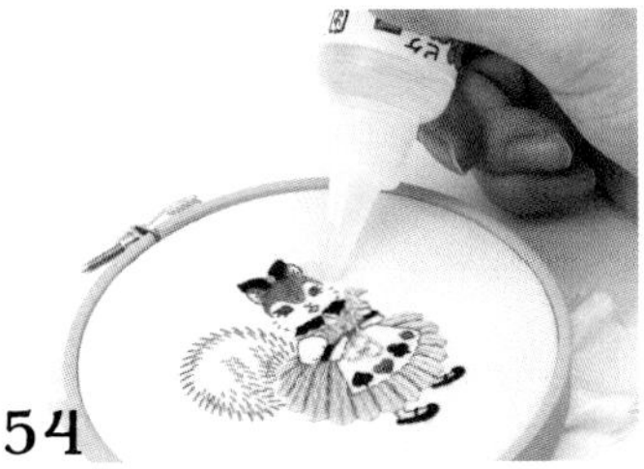

54

刺繍のまわりに、ほつれ止め液を1cm幅程で塗る。

55

そのまま置き、乾かす。

56

乾いたほつれ止めの部分にはさみを入れ、刺繍のまわり5mm程のところをフリーハンドで切る。このあと、まわりにビーズを縫いつけるため、なめらかなカーブを意識すること。

57

切り出した刺繍をフェイクスウェードの表に重ね、図案写しペンで輪郭を描き写す。

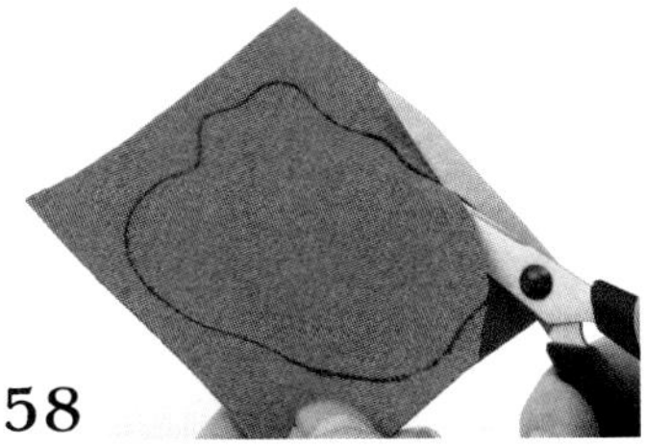

58

写した線に沿って、フェイクスウェードをはさみで切る。

ブローチに仕立てる

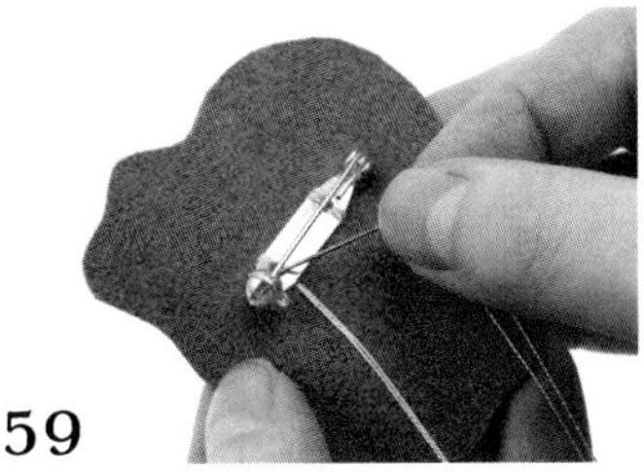

59

フェイクスウェードの表に、手縫い糸でブローチを縫いつける。縫いつける位置は、中心よりやや上くらい。図案の形によってバランスを見る。

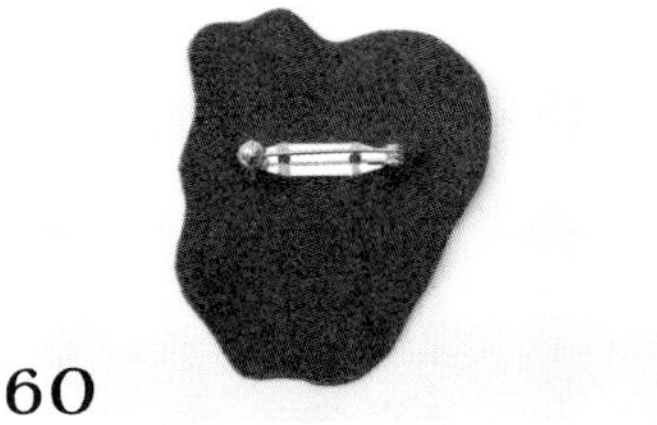

60

ブローチピンを4箇所縫いつけたところ。

＊見えやすいように濃い手縫い糸を使用。
本来は表布と近い色がおすすめ。

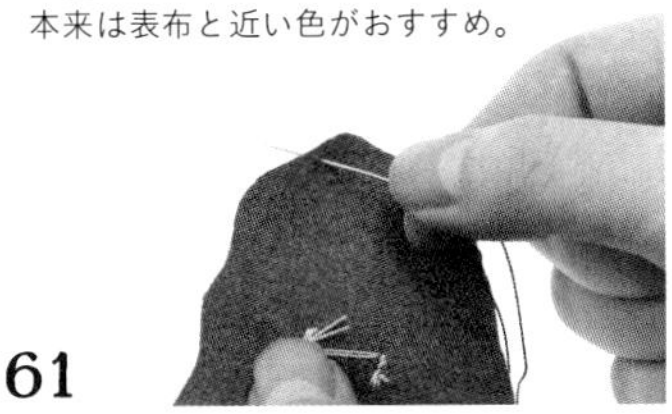

61

フェイクスウェードの裏(ブローチの内側)から、手縫い針を入れ、フェイクスウェードの表(ブローチの裏)に針を出す。縫い始めが目立たないよう作品の下側から始める。

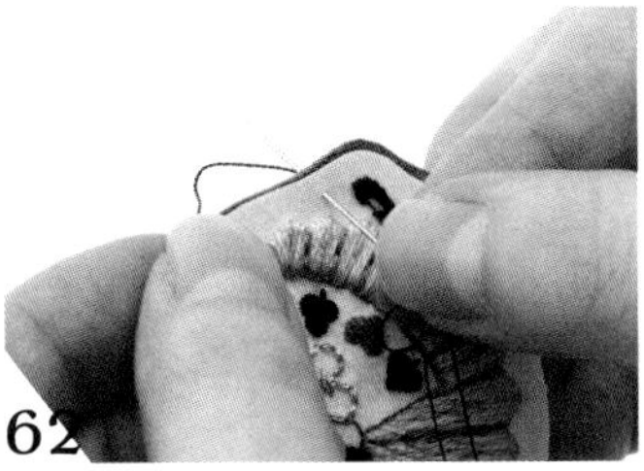

62

表布(刺繍した布)を重ね、**ブランケットS**でとじる。3mm程のところに針を入れて裏に出す。

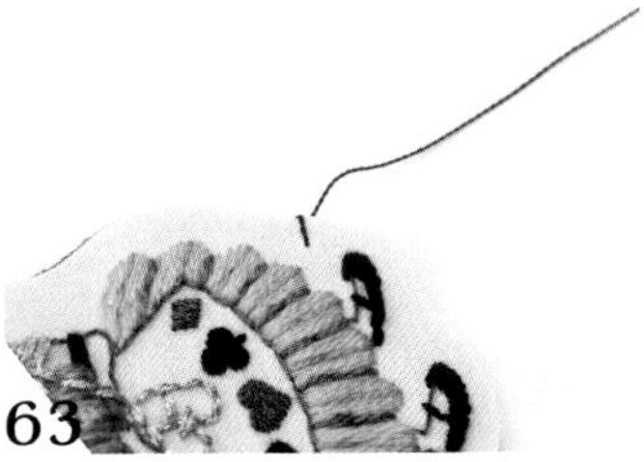

63

針を出したところ。

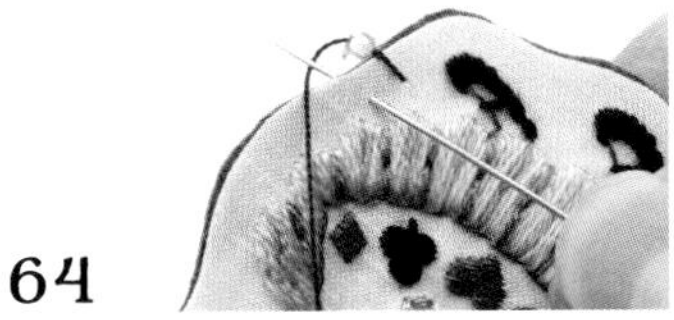

64

ビーズを通し、ビーズの幅分をあけて針を表から刺す。裏に出た針先に糸をかける。

65

針を抜いて糸を引いたところ。1つめのビーズが縫いつけられる。

66

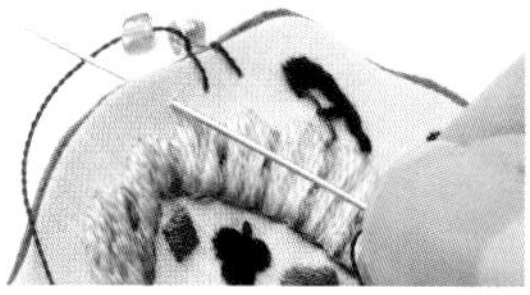

同様に繰り返し、**ブランケットS**をしながらビーズを縫い留めていく。

67

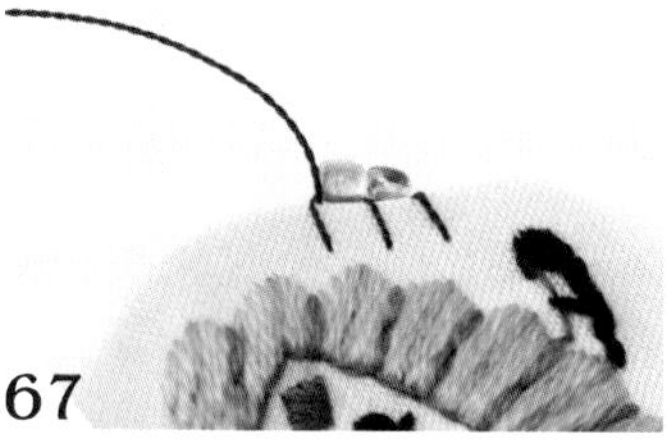

2つめのビーズが縫いつけられたところ。

68

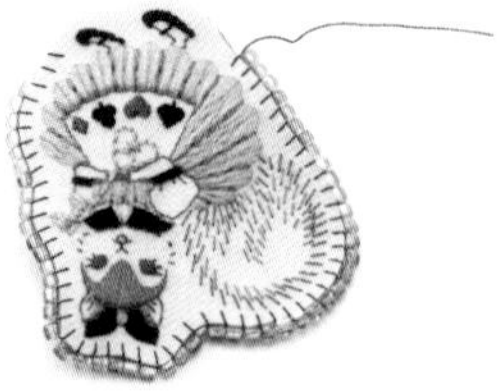

刺繍の下側を少し残して、一旦**ブランケットS**を止める。

69

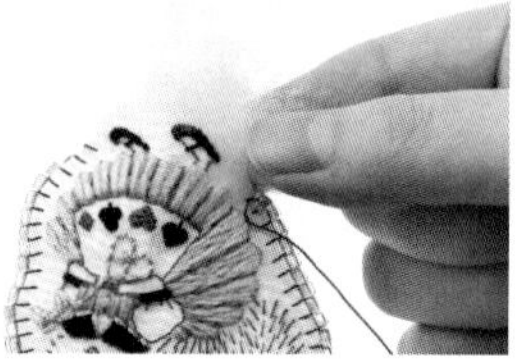

少しずつわたを入れる。

70

わたを入れたら、**ブランケットS**を繰り返し、とじる。

71

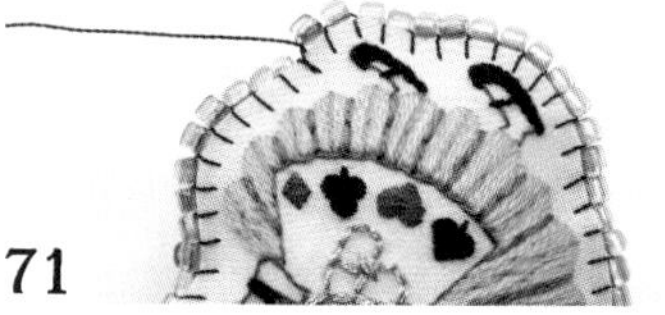

最後まで**ブランケットS**を終えたところ。

72

最初のビーズ2個に針を通す。

73

裏で玉結びをする。すでにある**ブランケットS**の糸目に重なるようにすると目立たない。

74

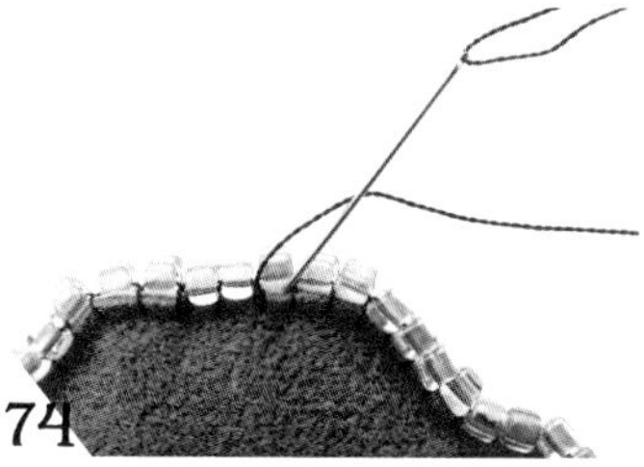

玉結びをしたら、表布と裏布の間に針を入れる。

75

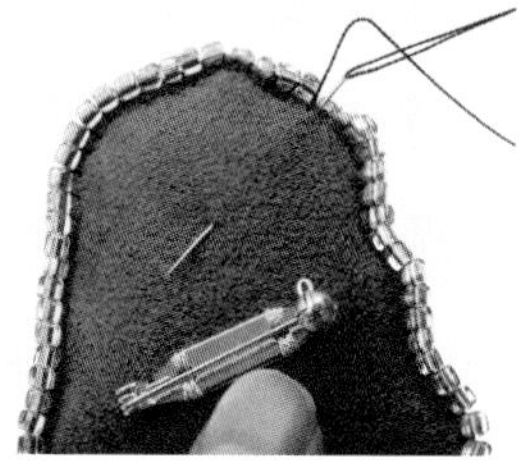

ブローチの中に針を通し、裏から針を出す。

76

ギリギリで糸を切る。玉結びと最後に切った糸端が、中に隠れる。

Finished!

刺繍ブローチの完成。

SAMPLE 2

レッスン中のウサギ姉妹 » p.32

土台をアップリケにして、
さらにチュールやビーズ・スパンコールなどの
副資材で飾り、刺繍糸だけの作品とは
また違う雰囲気に仕上げます。
また、刺繍作品を刺繍枠にはめて
飾るときの方法も紹介。
ほかの図案にもアレンジして楽しんでみてください。

アップリケをする

1

図案の上に、アイロン接着シートを剥離紙を上にして重ね、シャープペンシルや鉛筆等で図案の輪郭をなぞる。
＊このとき、図案は仕上がりとは反転している。

2

アイロン転写シートに、図案の輪郭を写したところ。

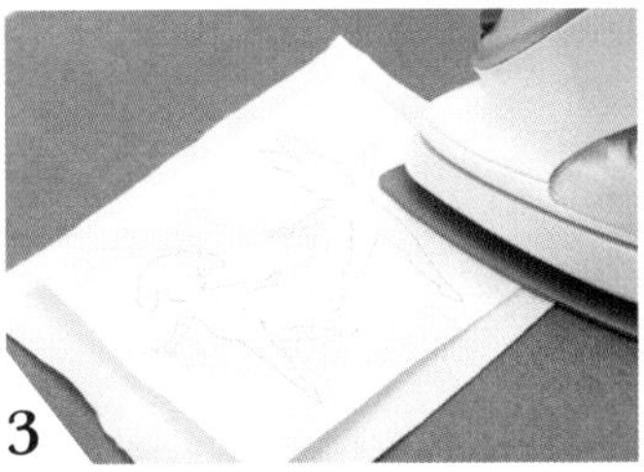

3

アップリケする布（ここでは薄手のコーデュロイ）の裏にアイロン接着シートを置き、中温（ドライ）のアイロンをあてて接着する。

4

写した図案の輪郭線に沿って、はさみで切る。

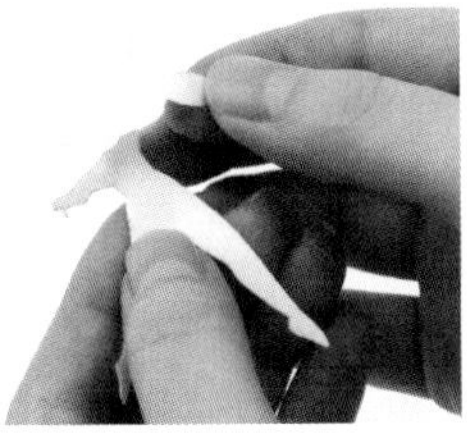

5

アイロン接着シートの剥離紙をはがす。

6

刺繍する布（ここでは綿）に置き、中温（ドライ）のアイロンをあてて接着する。

刺繍をする

7

図案の上に、ソフトトレーシングペーパーを重ね、上から図案写し用のペンで図案をなぞる。

8

図案を写したソフトトレーシングペーパーをアップリケした**6**に重ね、上から図案写し用のペンで、刺繍する部分の図案のみをもう一度なぞる。

9

顔のパーツを刺繍したら、輪郭線を**バックS**(1)で刺繍する。

point

アップリケしたコーデュロイの縁にしっかりと糸目を添わせると、きれいに仕上がる。

10

それぞれのパーツを刺繍する。

副資材を縫いつける

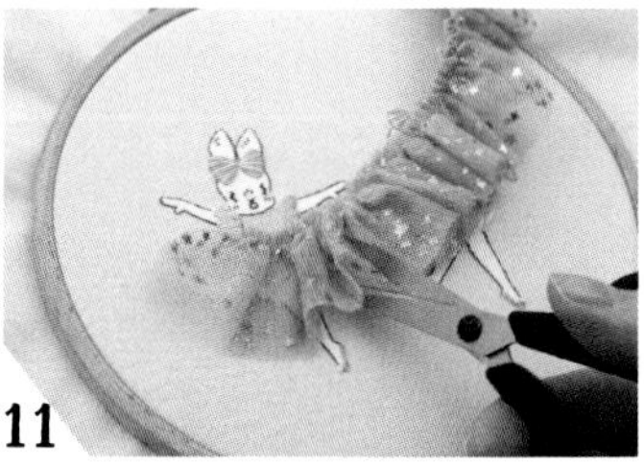

11

図案にあわせてチュールを切る。

12

腰の部分にチュールを縫いつける。
＊見えやすいように濃い手縫い糸を使用。本来は表布と近い色がおすすめ。

13

チュールを2箇所縫いつけたところ。

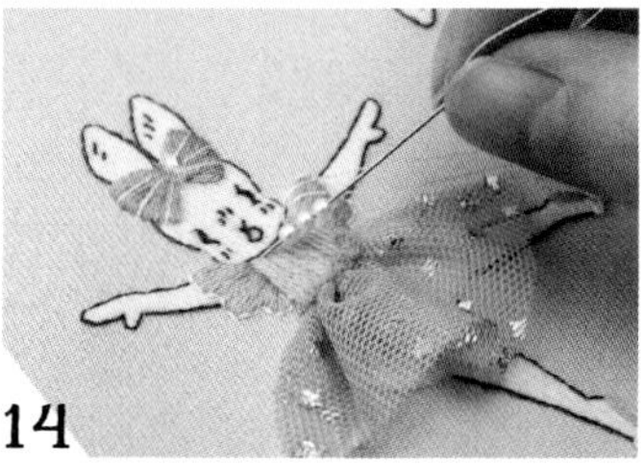

14

ビーズ類を縫いつけて飾っていく。パールビーズは3個針に通し、首元にかかるように縫う。

15

パールビーズ3個を首元に縫ったところ。

16

ビーズとビーズの間に裏から針を出す。

顔と服の面を埋める

17

16の針をすぐ上から裏に戻し、ビーズとビーズの間の糸を、糸で留める。もう1箇所も同様にして糸を留める。

18

パールビーズのネックレスを縫いつけ終わったところ。

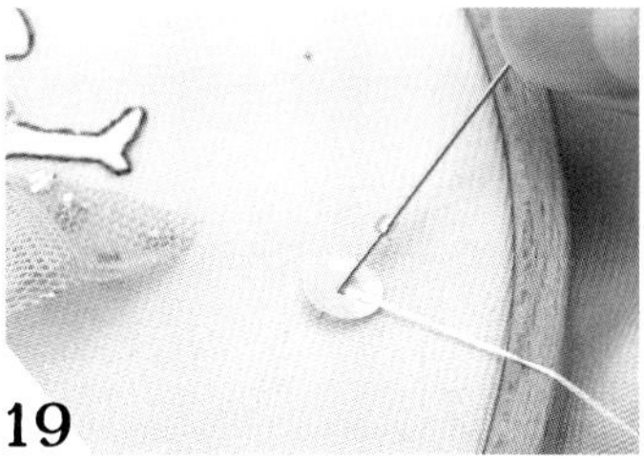

19

背景にスパンコールを縫う。布の裏から針を出し、スパンコールの穴に通す。針にビーズを通してスパンコールの穴から裏に針を戻す。

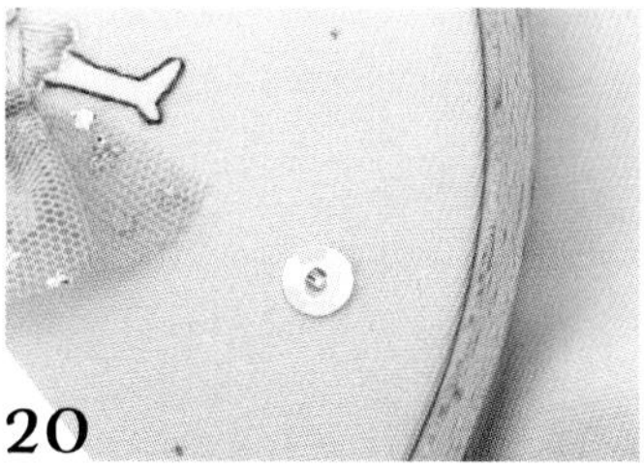

20

糸を引いたところ。

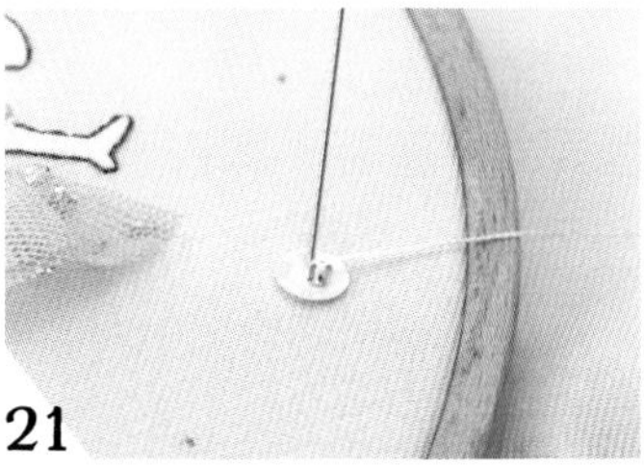

21

同じように、もう一度ビーズに糸を通し、スパンコールをビーズで縫い留める。

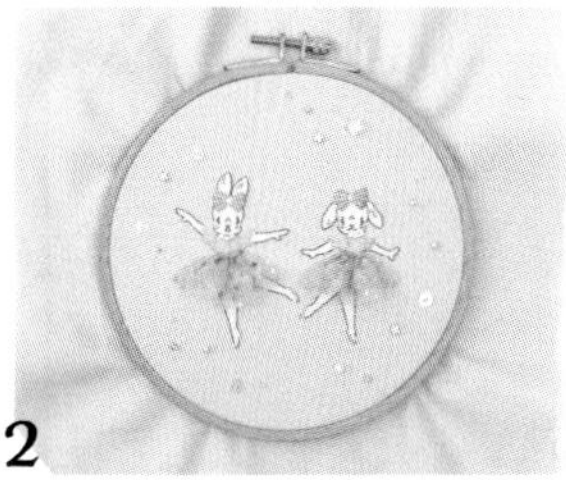

22

スパンコール以外のビーズも使い、背景を飾る。

刺繍枠で飾るための仕上げをする

23

枠から5cm程のところに、フリーハンドで図案写し用のペンで印をつけ、はさみで切る。

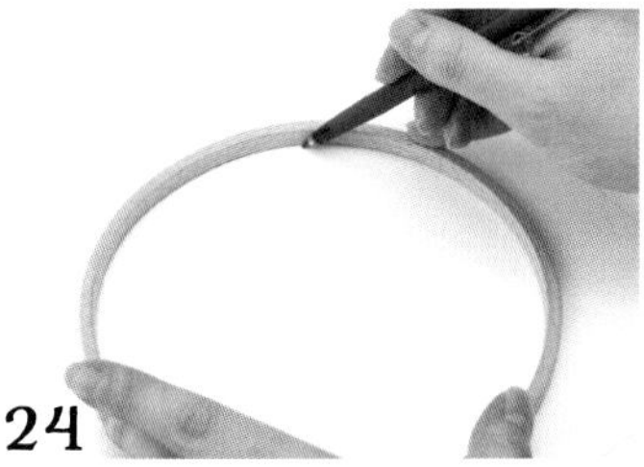

24

一旦刺繍枠をはずし、刺繍枠の内側の輪を画用紙にあて、内径をシャープペンシルや鉛筆でなぞる。

25

24をはさみで切る。

26

縁から1.5cm程のところをぐし縫いする。糸と針はそのままにしておく。

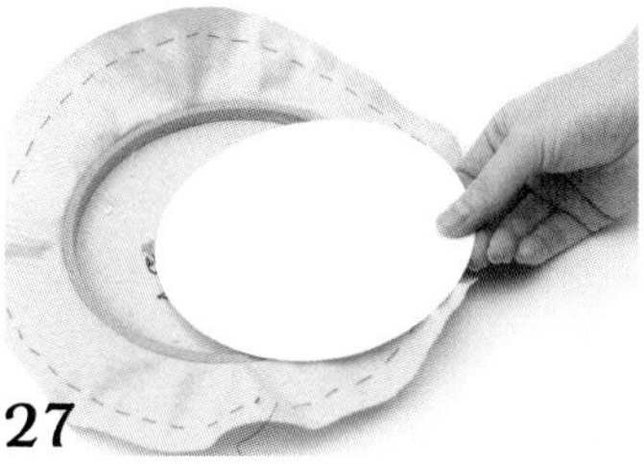

27

刺繍枠にはめ、裏に**25**の画用紙をはめる。

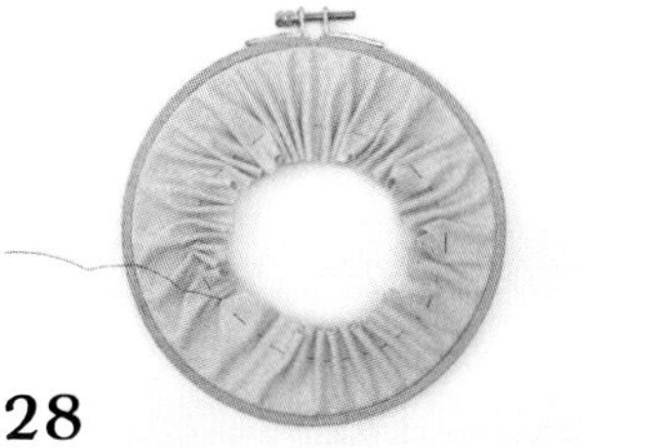

28

ぐし縫いした糸を引っ張り、布端を処理して、玉結びをする。

Finished!

完成。裏に画用紙を入れたことで裏が透けず、表からきれいに見える。

この本で使う基本のステッチ

掲載作品を刺繍する際によく使うステッチの仕方を紹介します。
特に、輪郭や模様などの「ラインを入れる」ステッチ、
顔や体、服などの「面を埋める」ステッチはよく登場します。

＊サンプルに糸の本数の記載がないものはすべて2本どりです。

ストレートステッチ

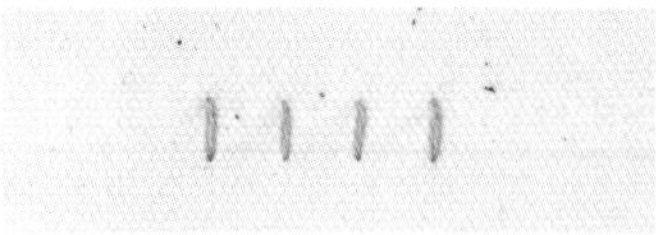

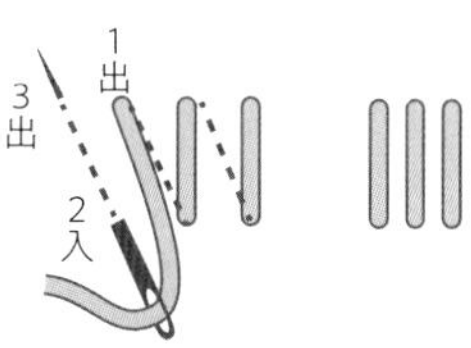

バックステッチ

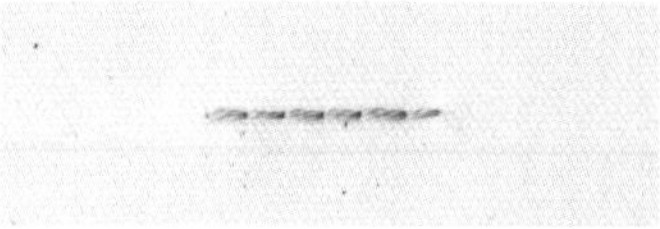

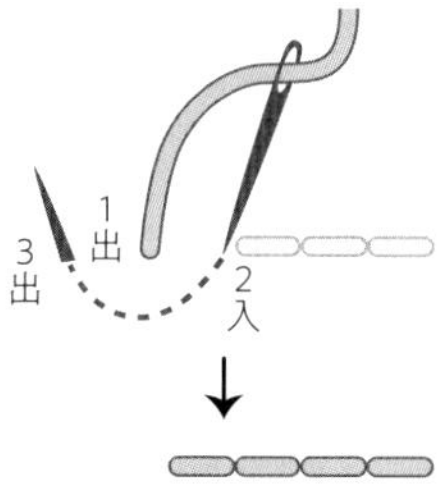

ランニングステッチ

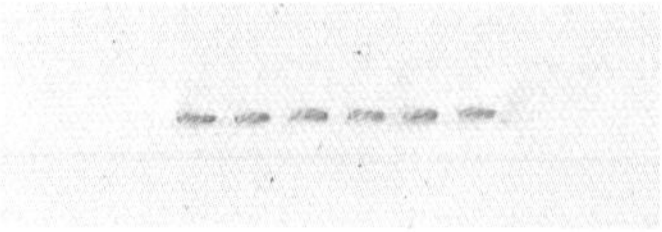

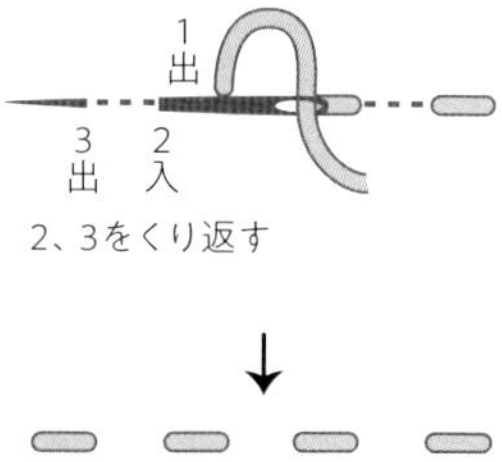

アウトラインステッチ

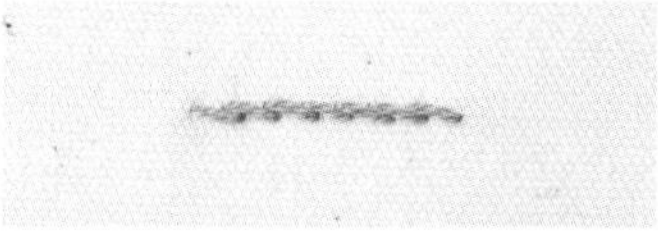

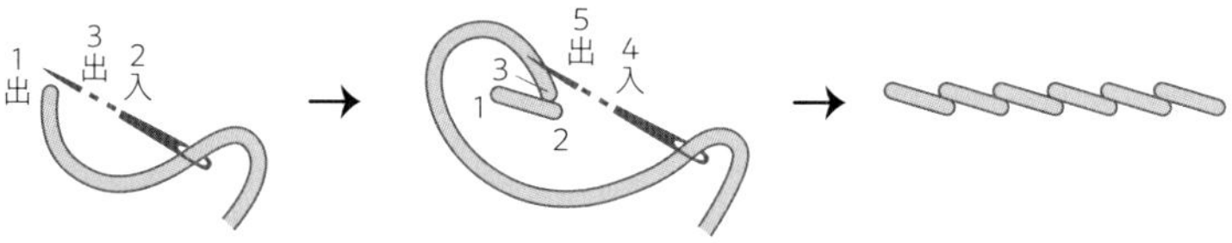

チェーンステッチ

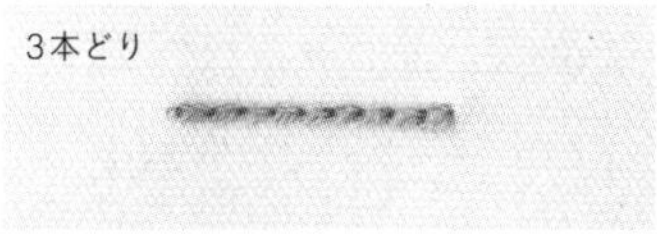

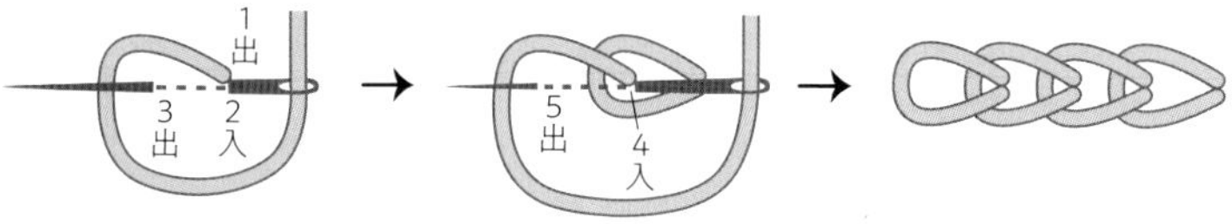

フレンチノットステッチ

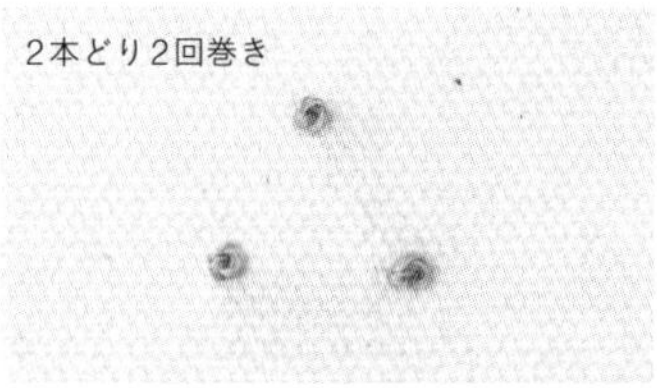

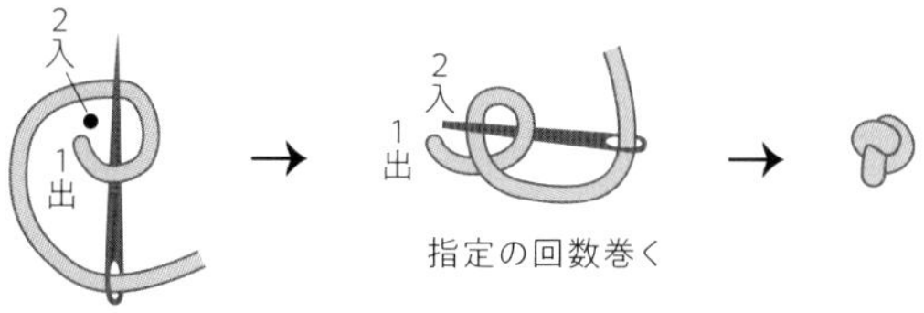

サテンステッチ

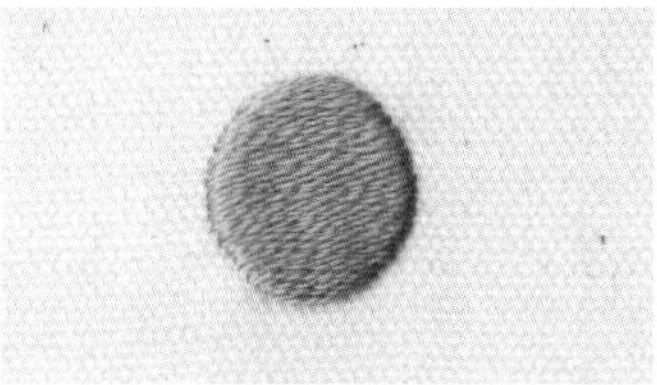

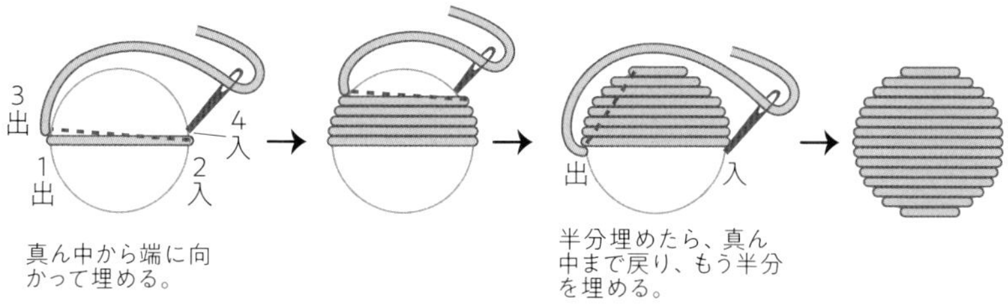

ロング＆ショートステッチ

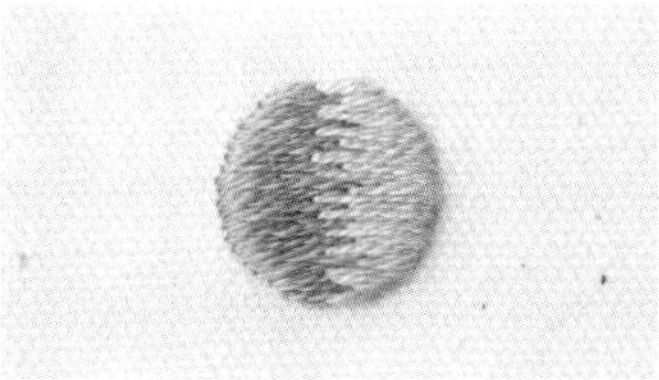

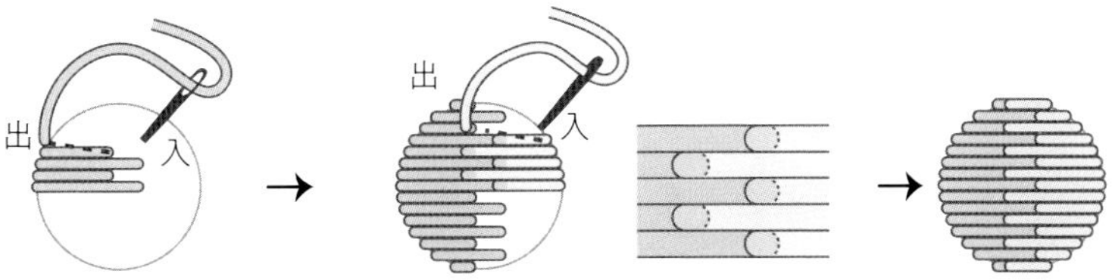

真ん中から端に
向かって埋める。

次の糸は先に刺したステッチに
少し重ねるように刺す。

レゼーデージーステッチ

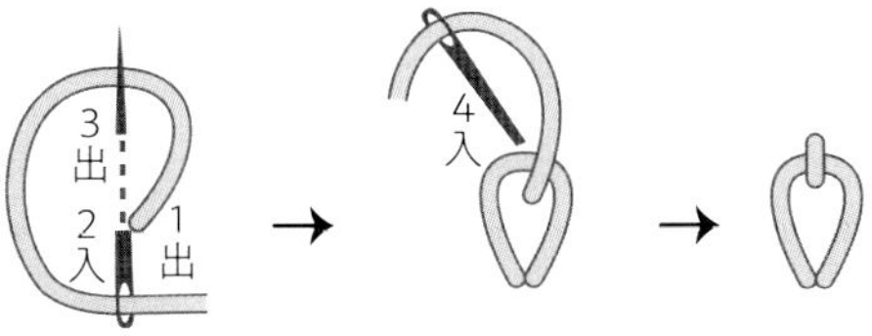

レゼーデージーステッチ
＋ストレートステッチ

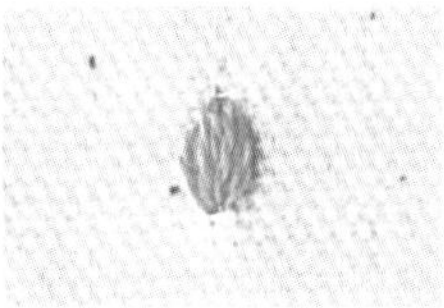

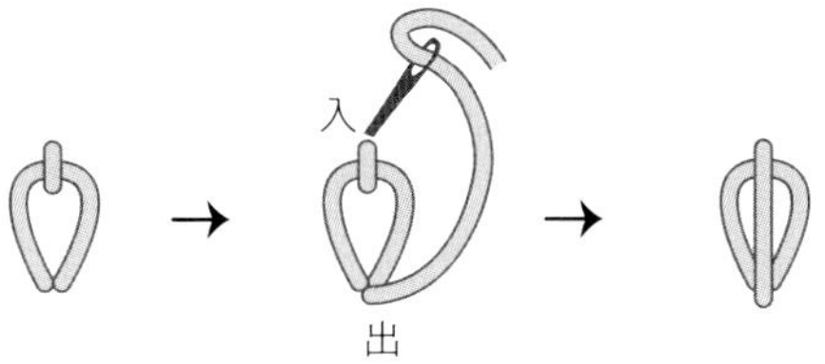

オープンレゼーデージーステッチ

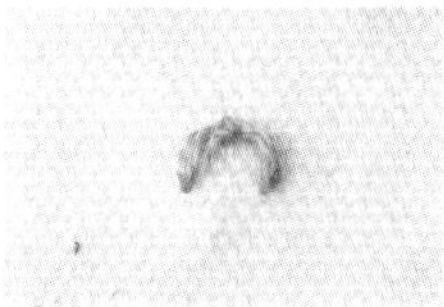

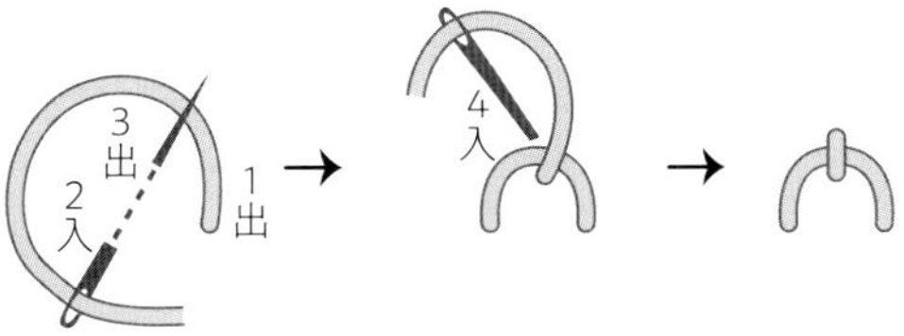

ループステッチ

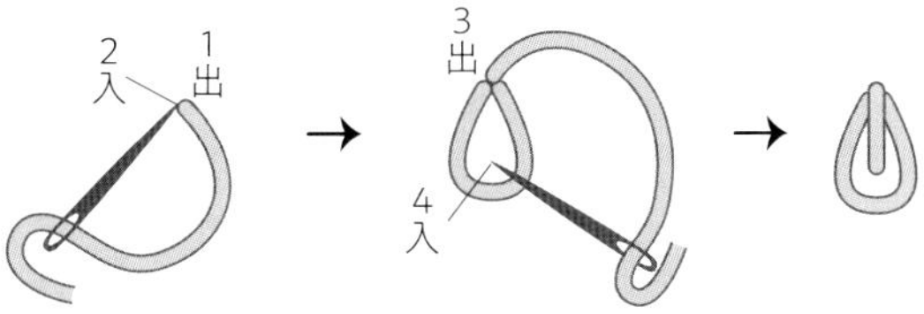

ループを作って
1と同じ穴に入れる。

1、2と同じ穴に
4を入れる。

ベーシックニードルフィリングステッチ

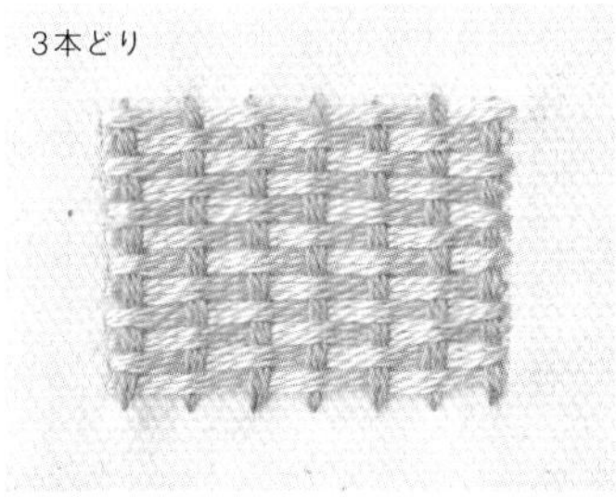

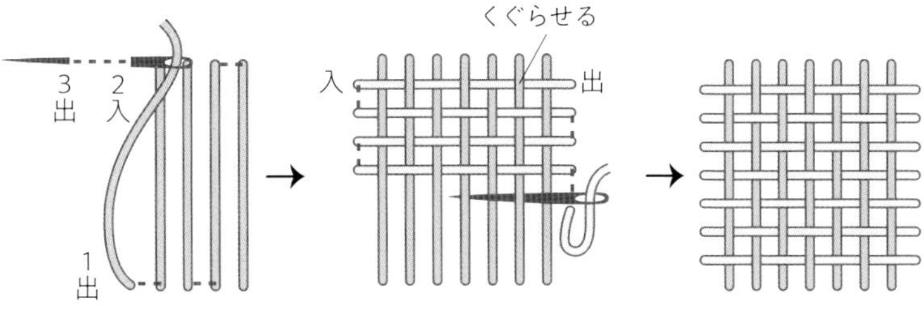

COLUMN

spica-pikaの制作ノート②

娘に世界で一つの特別なお洋服を作ってあげたくて、ミシンで縫ったワンピースの胸元に小さな刺繍をしました。刺繍がとても楽しくて、さぁ、今度はなにを刺繍しよう？と、自分の心の中をのぞいたら、ふたりのウサギが森の木陰から、こっちをのぞいているのに気がつきました。お友だちになる？　と聞くと、「うん！」っと駆け寄ってきてくれました。

そのふたりのウサギの女の子の名前がスピとピカ。ふたりとお友だちになった時に、spica-pikaは誕生しました。

spica-pikaは、spica-pikaの刺繍雑貨を使ってくれる方を「おとぎの森に暮らす主人公」と考えています。ピーターパンのティンカーベルやオズの魔法使いの愛犬トトのように、おとぎ話の主人公たちには、動物や不思議な力を持つ妖精や魔法使いなどの素敵な友だちがいます。そんな風に、「おとぎの森に暮らす主人公」に寄り添い、一緒に暮らす友だちになりたくて、spica-pikaの動物たちは森の木陰からそっと覗いています。毎日がピカピカと輝き、幸せな気持ちで過ごせるようにspica-pikaはお友だちのような動物刺繍雑貨をお届けしたいと、ひとつひとつ制作しています。

なので、ひとつひとつにストーリーがあります。たとえば、「レッスン中のウサギ姉妹（p.32）」は、左がお姉さんで右が妹。妹のほうがバレエが上手で、余裕のポーズ。お姉さんはちょっと不器用ながらも頑張ってレッスンしています。「バスケットに入っちゃったウサギ（p.34）」は、自分からお花と一緒にバスケットに入ってしまったちょっとやんちゃなウサギです。

―こんな風に、それぞれどんな子なのかストーリーも思い描きながら、刺していくのがspica-pikaの刺繍です。

spica-pikaとして作品を作りはじめてから、動物たちをより可愛く刺繍するために、材料や道具については試行錯誤を重ね、今使っているものに落ち着きました。一部を紹介しますが、ここに挙げたものが必須というわけではありません。参考にしながら、ご自身と相性のよいものを見つけていただけたらと思います。

図案を写すときには、チャコエースの「ムーンベール」がおすすめです。転写ペーパーが不要で便利ですし、薄いため図案が見えやすいのも作業しやすいポイントです。刺繍の途中で再び図案を写したいときにも、刺繍部分がしっかり見えるのでずれることがなく安心です。チャコエースのファインマーカー（p.39）とあわせて使っています。

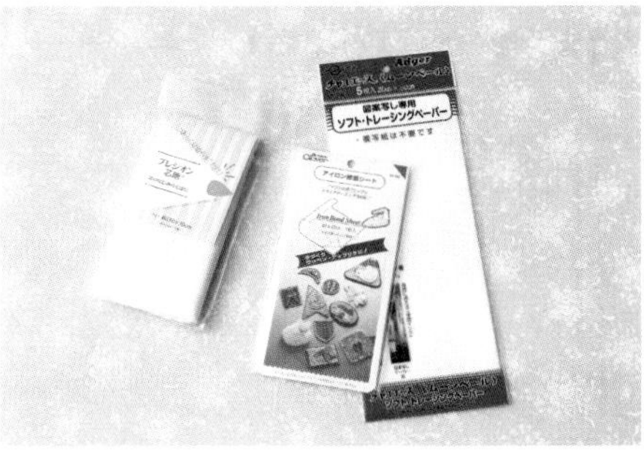

接着芯は、コッカの「プレシオン芯地」を使っています。生地の厚さやできあがりの風合いによって4〜5タイプありますが、ブローチにはいちばん薄くてやわらかな「はりなじみらくはり」を使うことが多いです。

ブローチに使っているビーズは、MIYUKIの「トライアングルビーズ（3mm）」です。クリアな色味のクリスタル（カラー番号：TR1151）と、ややブラウンがかったクリスタル中染め（カラー番号：TR1133）です。トライアングルビーズの別の色を使ったり、丸大ビーズ（3mm）でお好みの色を探していただくのも楽しいと思います。

ブローチの裏布に使用しているフェイクスウェードは、東レの「エクセーヌ」です。たまたま母が持っていたものを見つけ、質感が気に入って使っています。切りっぱなしで使えるフェルトなどでも代用できます。色は作品によって、黄色、スモーキーピンク、若草色などをあわせていますが、どうぞお好みの色を選んでいただけたらと思います。

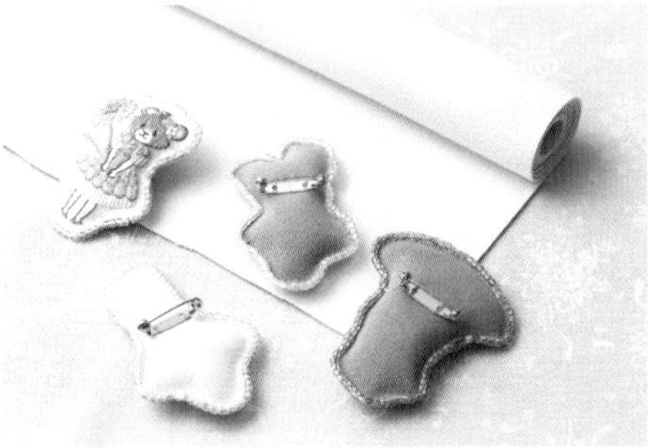

布をアップリケするときにはクロバーの「アイロン接着シート」が活躍しています。わたしの場合は、上から刺繍をすることが前提なので接着強度はそれほど気にならず、薄手で針が通りやすいことのほうが大事なのですが、この「アイロン接着シート」は使い心地がよく重宝しています。

spica-pikaの制作裏話として、普段使っているものを紹介しました。材料や道具は自分が使いやすく手に入れやすく、そして、自分の好みであることが大切だと思います。可愛い動物たちを生み出す刺繍時間を愉しむためにも、どうぞお気に入りのものを見つけてください。

掲載作品の刺繍の仕方

p.4～35に掲載の作品を刺繍する際のステッチと
糸の色番号について表記しています。
写真を見ながら、糸の向きなども参考にしてください。

＊実物大図案はp.82～91にあります。

＊刺繍糸はDMC25番刺繍糸とDMCディアマントを使用しています。50cm程度にカットし、撚ってある糸から、1本ずつ必要な本数を引き揃えて使用してください。指定のないものは2本どり、その他はステッチ名の下に何本どりか記載があります。

＊ステッチ名の「S」は「ステッチ」の略です。

＊ステッチの仕方はp.50～51を参照してください。

＊ステッチ名の後ろの(　)内の数字は、刺繍糸の色番号です。

春を告げるツバメ »p.4

ブローチの材料と作り方は
p.36~46を参照

＊指定以外はすべて2本どり

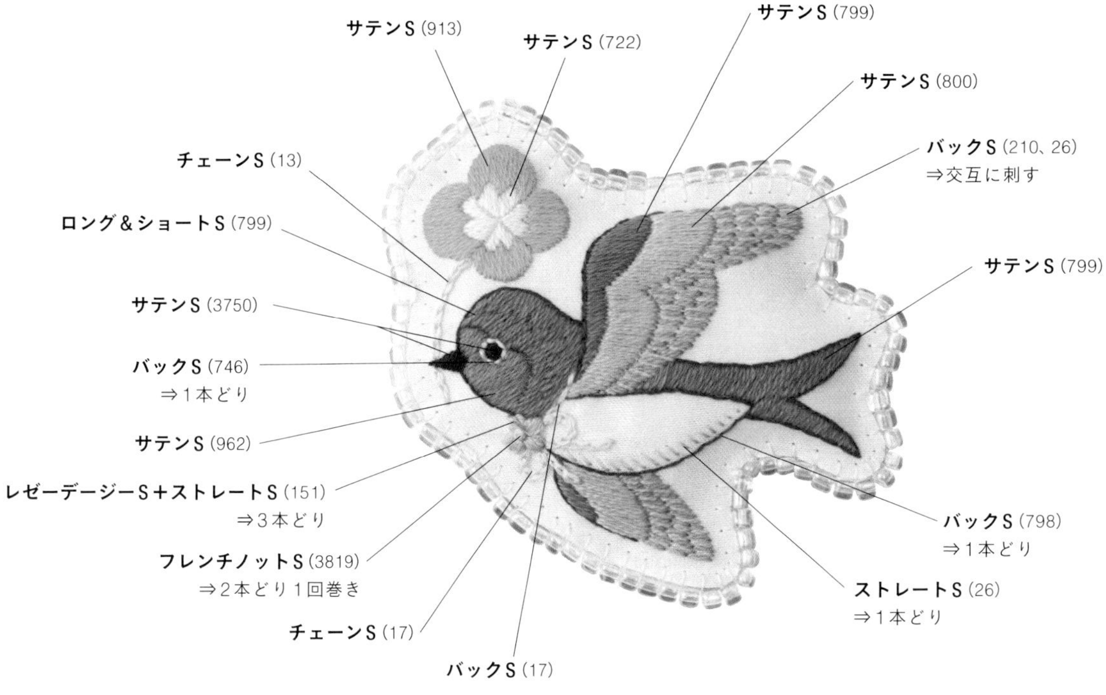

アネモネとバンビ »p.5

ブローチの材料と作り方は
p.36~46を参照

＊指定以外はすべて2本どり

花の中心は**フレンチノットS**
⇒2本どり1回巻き
花びらは**レゼーデージーS**
+ストレートS⇒3本どり

いちごが大好きなカエル »p.6

ブローチの材料と作り方は
p.36~46を参照

＊指定以外はすべて2本どり

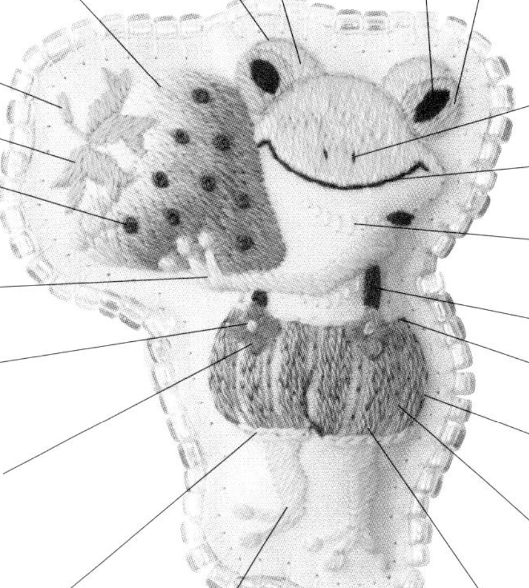

チューリップを持つウサギ » p.7

ブローチの材料と作り方はp.36~46を参照

＊指定以外はすべて2本どり

花の中心は**フレンチノットS**
⇒2本どり1回巻き
花びらは**レゼーデージーS**
＋ストレートS⇒3本どり

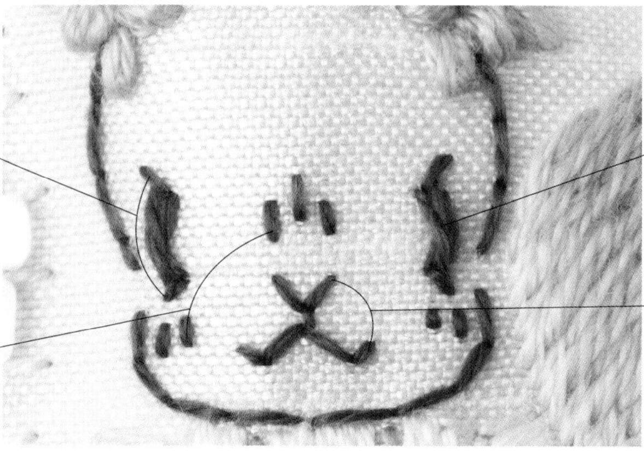

たんぽぽを持つクマ »p.7

ブローチの材料と作り方は
p.36~46を参照

＊指定以外はすべて2本どり

花の中心は**フレンチノットS**
⇒2本どり1回巻き
花びらは**レゼーデージーS**
+ストレートS⇒3本どり

顔のパーツの色は839
目は**サテンS**
鼻は**サテンS**⇒1本どり
まつげと口は**ストレートS**
⇒1本どり

きのこ博士のフクロウ »p.8

ブローチの材料と作り方は
p.36~46を参照

＊指定以外はすべて2本どり

秋の実りを運ぶロバ »p.9

ブローチの材料と作り方は
p.36~46を参照

＊指定以外はすべて2本どり

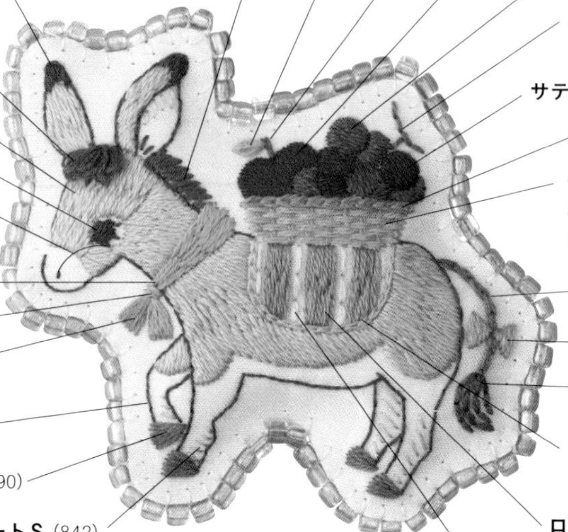

きのこを傘さすリス »p.10

ブローチの材料と作り方は
p.36~46を参照

＊指定以外はすべて2本どり

りんごを抱える キツネ »p.11

ブローチの材料と作り方は
p.36~46を参照

＊指定以外はすべて2本どり

どんぐりポシェット のウサギ »p.11

ブローチの材料と作り方は
p.36~46を参照

＊指定以外はすべて2本どり

サーカス団長の
ペンギン »p.12

＊指定以外はすべて2本どり

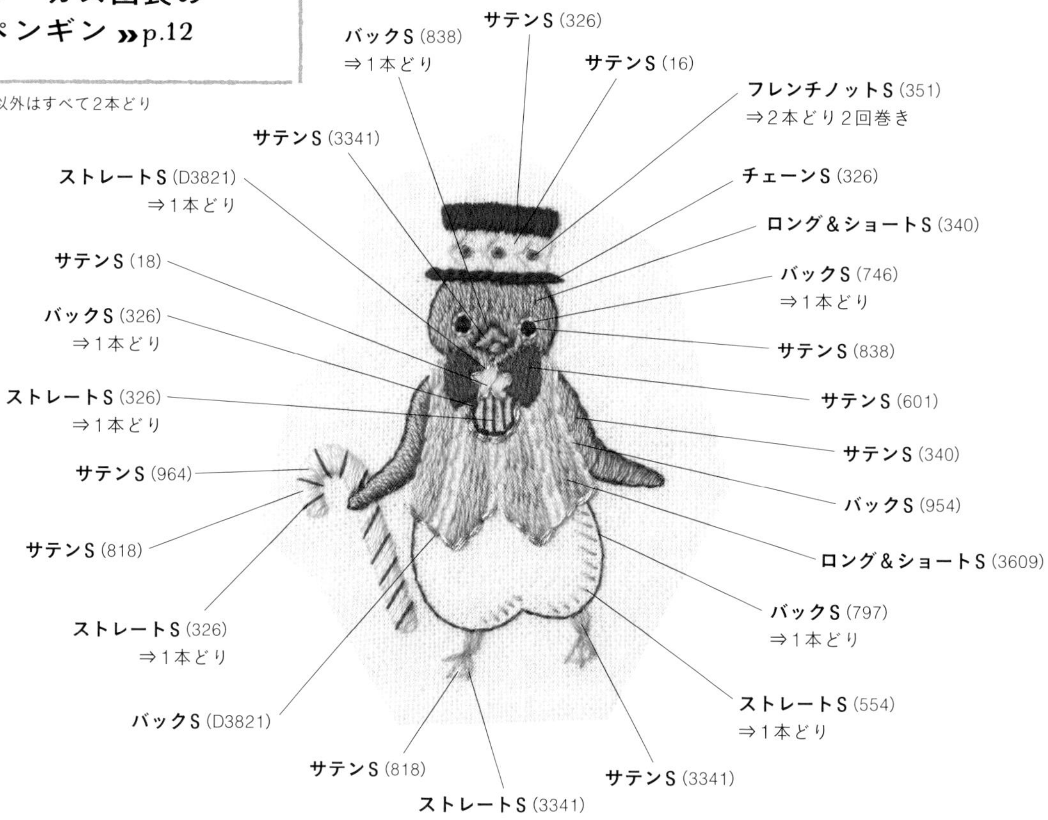

玉乗りしている
ライオン »p.12

＊指定以外はすべて2本どり

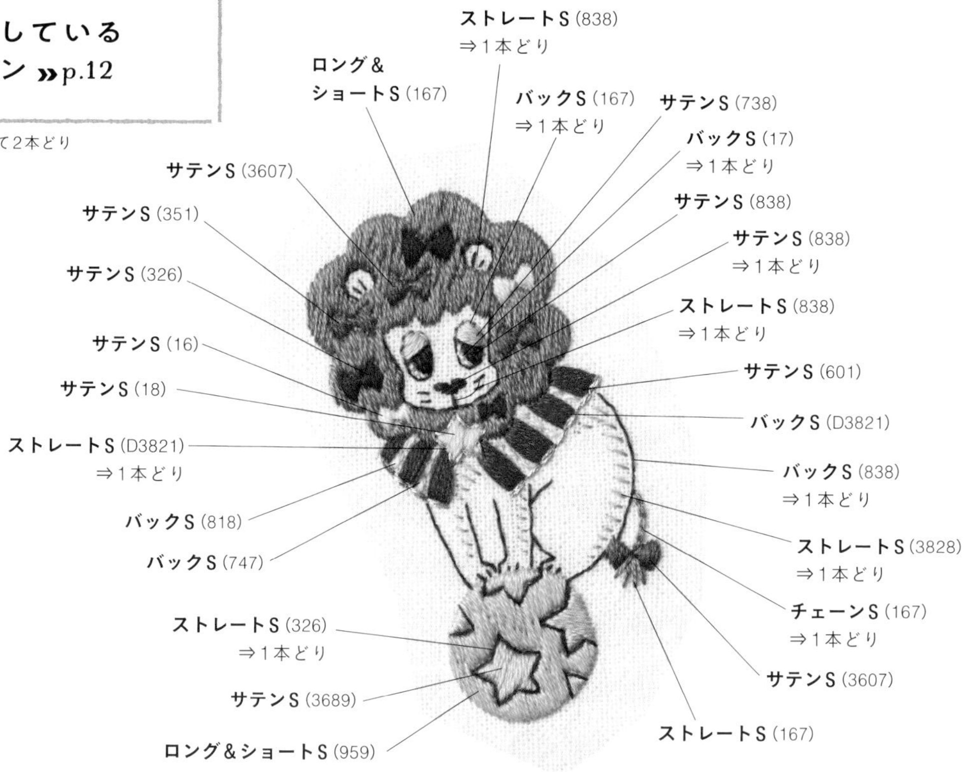

パラソルを持つ
キリン »p.12

＊指定以外はすべて2本どり

顔のパーツの色は838
目は**サテンS**
まつげと鼻は
ストレートS⇒1本どり

ステージの上の
ゾウ »p.13

＊指定以外はすべて2本どり

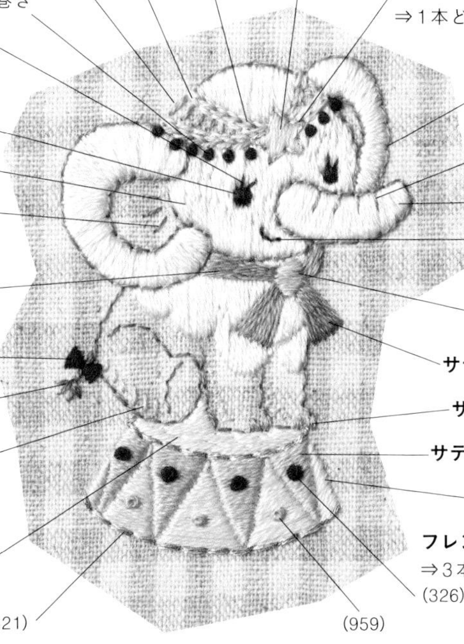

ピエロのウサギ »p.13

＊指定以外はすべて2本どり

鼻以外の顔のパーツは
ストレートS(838)
⇒1本どり
ステッチの仕方はp.56参照

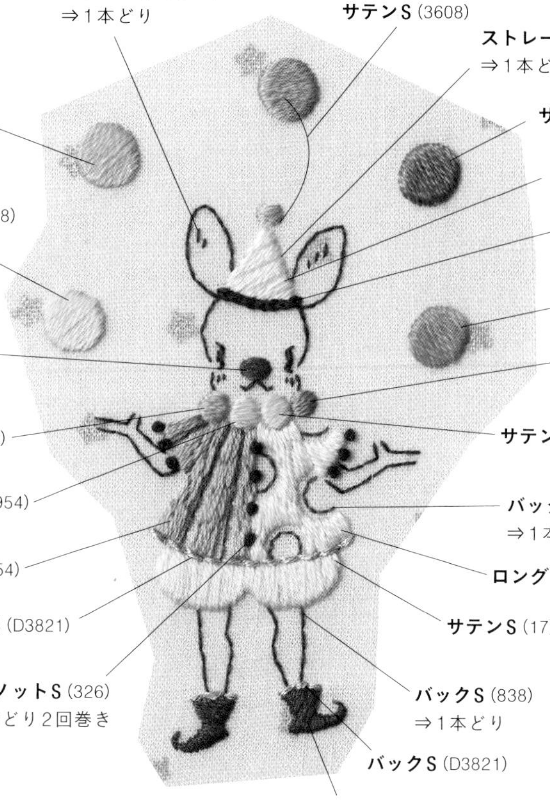

いたずら好きな チェシャねこ »p.14

ブローチの材料と作り方は
p.36~46を参照

＊指定以外はすべて2本どり

アリスのリス »p.15

ブローチの材料と作り方は
p.36~46を参照

＊指定以外はすべて2本どり

顔のパーツの色は839
目は**サテンS**
まつげと鼻と口は**ストレートS**⇒1本どり
舌は**オープンレゼーデージーS**の中を
ストレートS(151)で埋める

ワンピースの色は827
身頃は**サテンS**
スカートはプリーツの面積によって
ロング&ショートS
または**サテンS**

せっかちな白ウサギ »p.16

ブローチの材料と作り方は
p.36~46を参照

＊指定以外はすべて2本どり

顔のパーツは
ストレートS (839)
⇒1本どり
ステッチの仕方はp.56参照

ハートの女王のヒツジ »p.16

ブローチの材料と作り方は
p.36~46を参照

＊指定以外はすべて2本どり

顔のパーツの色は839
目は**サテンS**
まつげと鼻と口は
ストレートS
⇒1本どり

ティーポットに入った眠りネズミ »p.17

ブローチの材料と作り方は
p.36~46を参照

＊指定以外はすべて2本どり

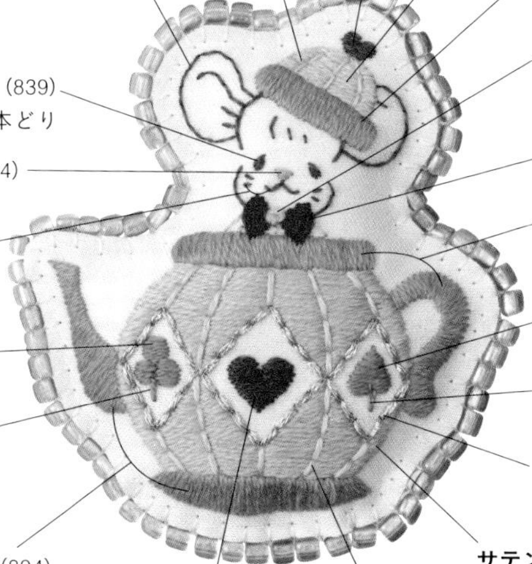

帽子屋のアライグマ »p.17

ブローチの材料と作り方は
p.36~46を参照

＊指定以外はすべて2本どり

赤ずきんのリス »p.18

ブローチの材料と作り方は
p.36~46を参照

＊指定以外はすべて2本どり

赤ずきんと友だちになりたいオオカミ »p.19

ブローチの材料と作り方はp.36~46を参照

＊指定以外はすべて2本どり

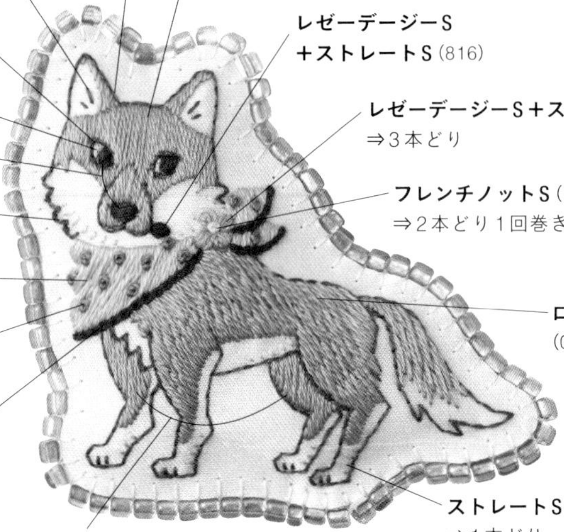

アイスクリーム屋さんのウシ »p.20

＊指定以外はすべて2本どり

カップケーキ屋さんのクマ »p.20

»p.20

＊指定以外はすべて2本どり

プリン屋さんのプードル »p.20

»p.20

＊指定以外はすべて2本どり

顔のパーツの色は553
目と鼻は**サテンS**
まつげは**ストレートS**
⇒1本どり
鼻の上のラインと口は**バックS**
⇒1本どり

焼き立てバゲットを持つパンダ »p.21

＊指定以外はすべて2本どり

サンドイッチが食べたいネコ »p.21

＊指定以外はすべて2本どり

メロンパンが おすすめのハト »p.21

＊指定以外はすべて2本どり

いちごのワンピースの 垂れ耳ウサギ »p.22

ブローチの材料と作り方は
p.36~46を参照

＊指定以外はすべて2本どり

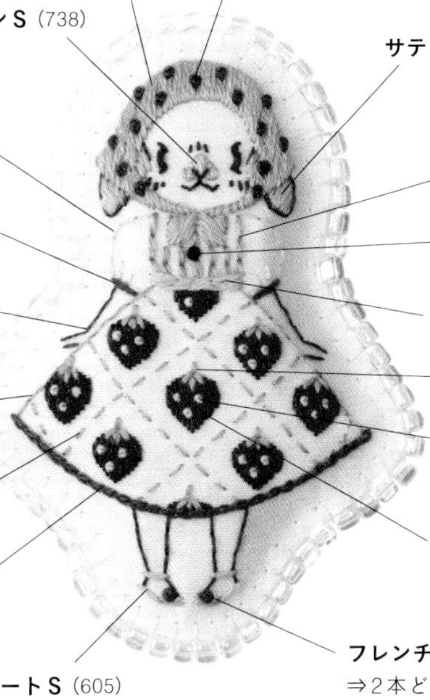

りんごのワンピースのウサギ »p.22

ブローチの材料と作り方は
p.36~46を参照

＊指定以外はすべて2本どり

バックS (839)
⇒1本どり

顔のパーツは
ストレートS (839)
⇒1本どり
ステッチの仕方は**p.56**参照

ストレートS (167)
⇒1目を2列刺す

サテンS (842)

ロング＆ショートS (842)

レゼーデージーS
＋ストレートS (704)
⇒3本どり

サテンS (915)

サテンS (326)

バックS (469)

サテンS (3727)

フレンチノットS (167)
⇒2本どり1回巻き

ロング＆ショートS (915)

バックS (469)

バックS (3727)
⇒1本どり

サテンS (601)

チェーンS (3727)
⇒1本どり

レゼーデージーS (704)

ストレートS (167)

サテンS (915)

サテンS (3862)

バックS (15)

オレンジのワンピースのウサギ »p.23

ブローチの材料と作り方は
p.36~46を参照

＊指定以外はすべて2本どり

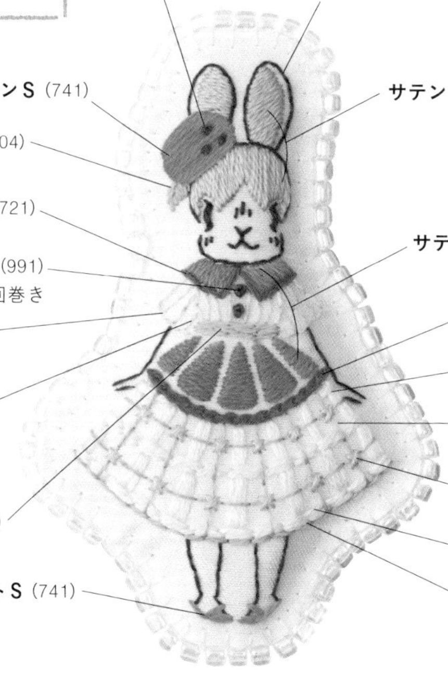

フレンチノットS (351)
⇒2本どり2回巻き

バックS (839)
⇒1本どり

顔のパーツは
ストレートS (839)
⇒1本どり
ステッチの仕方は**p.56**参照

サテンS (741)

サテンS (415)

サテンS (704)

バックS (721)

サテンS (722)

フレンチノットS (991)
⇒2本どり2回巻き

チェーンS (721)

バックS (18)
⇒1本どり

サテンS (3078)

バックS (564)
⇒1本どり

バックS (3827)
⇒1本どり

ストレートS (564)

ロング＆ショートS (907)

ロング＆ショートS (3078)

ストレートS (741)

バックS (704)

レモンのエプロンのウサギ »p.23

ブローチの材料と作り方は
p.36~46を参照

＊指定以外はすべて2本どり

キウイのブラウスのウサギ »p.23

ブローチの材料と作り方は
p.36~46を参照

＊指定以外はすべて2本どり

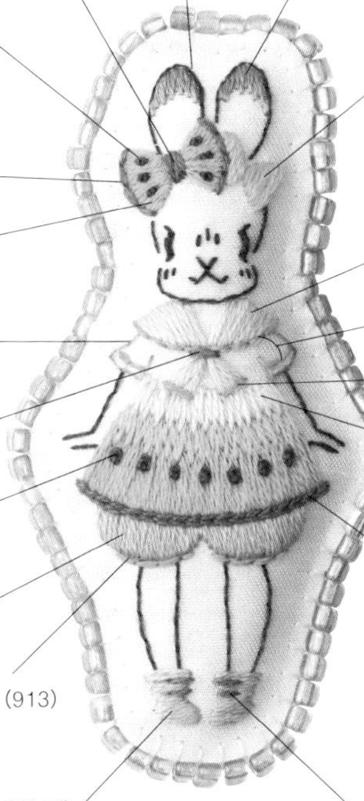

オランダ・フォーレンダムを着たウサギ »p.24

＊指定以外はすべて2本どり

顔のパーツは
ストレートS（839）
⇒1本どり
ステッチの仕方は**p.56**参照

チャイナ服のパンダ »p.25

ブローチの材料と作り方は
p.36~46を参照

＊指定以外はすべて2本どり

メキシコ・ポンチョのインコ »p.25

ブローチの材料と作り方は
p.36~46を参照

＊指定以外はすべて2本どり

蝶の柄の振袖を着たウサギ »p.26

＊指定以外はすべて2本どり

顔のパーツは
ストレートS (839)
⇒1本どり
ステッチの仕方は**p.56**参照

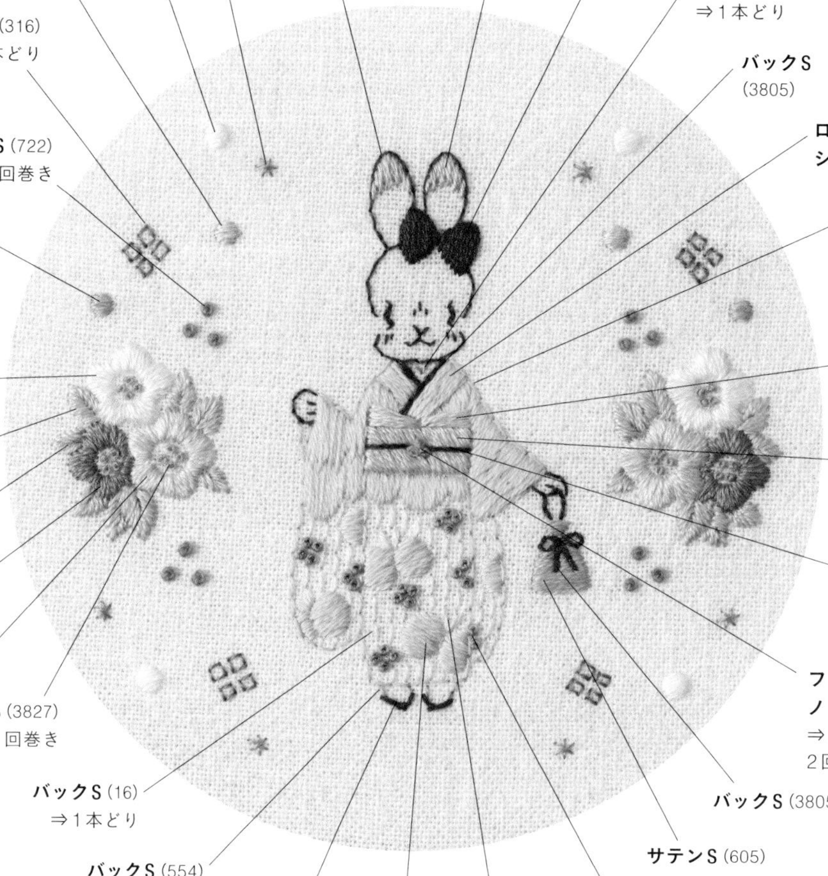

ストレートS (809)
⇒1本どり

サテンS (445)

サテンS (827)

ストレートS (316)
⇒1本どり

フレンチノットS (722)
⇒3本どり2回巻き

サテンS (605)

花と葉は
サテンS
(3078)
(564)
(3348)
(554)
(818)

フレンチノットS (3827)
⇒2本どり1回巻き

バックS (16)
⇒1本どり

バックS (554)
⇒1本どり

オープンレゼーデージーS (3805)

サテンS (18)

ストレートS (18)
⇒1本どり

フレンチノットS (3609)
⇒2本どり2回巻き

サテンS (605)

バックS (3805)

フレンチノットS (959)
⇒2本どり
2回巻き

ストレートS
(553)

サテンS
(162)

サテンS
(18)

バックS
(907)
⇒1本どり

ロング&ショートS (16)

バックS
(3805)

ストレートS (554)
⇒1本どり

サテンS (3805)

サテンS (738)

バックS (839)
⇒1本どり

矢絣の羽織にブーツを履いたネコ »p.27

ブローチの材料と作り方はp.36~46を参照

＊指定以外はすべて2本どり

縞エプロンのクマ »p.27

ブローチの材料と作り方はp.36~46を参照

＊指定以外はすべて2本どり

顔のパーツの色は839
目はサテンS
まつげはストレートS
⇒1本どり
鼻はサテンS⇒1本どり
口はストレートS
⇒1本どり

ぬいぐるみのウサギ »p.28

ミニトートバックの材料と作り方は
p.92を参照

＊指定以外はすべて2本どり

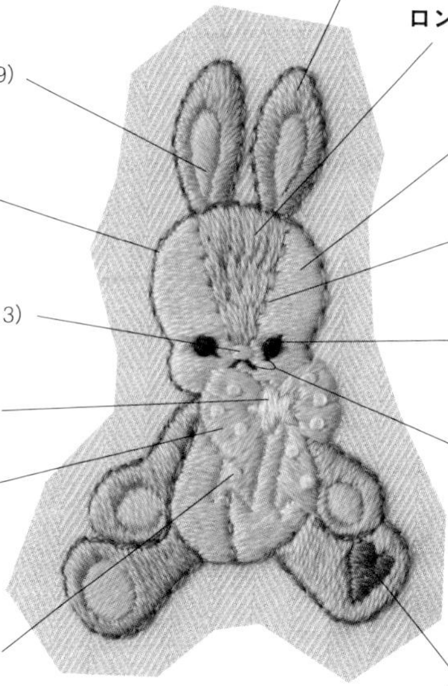

ぬいぐるみのパンダ »p.28

ミニトートバックの材料と作り方は
p.92を参照

＊指定以外はすべて2本どり

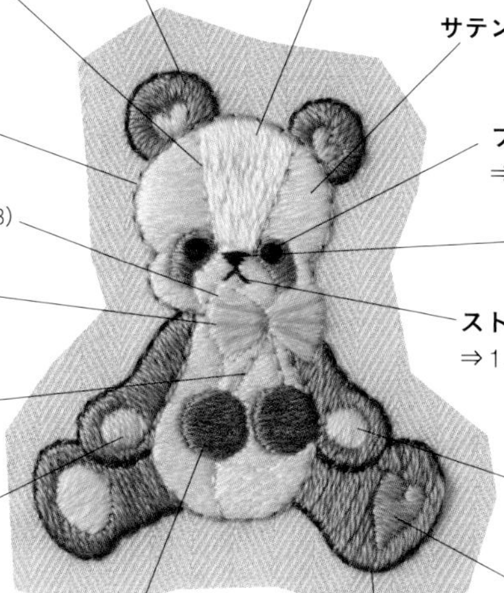

虹をまとった
夢喰いバク »p.30

がまぐちの材料と作り方は
p.93, 95を参照

＊指定以外はすべて2本どり

王冠を載せた
夢色スワン »p.30

がまぐちの材料と作り方は
p.93, 95を参照

＊指定以外はすべて2本どり

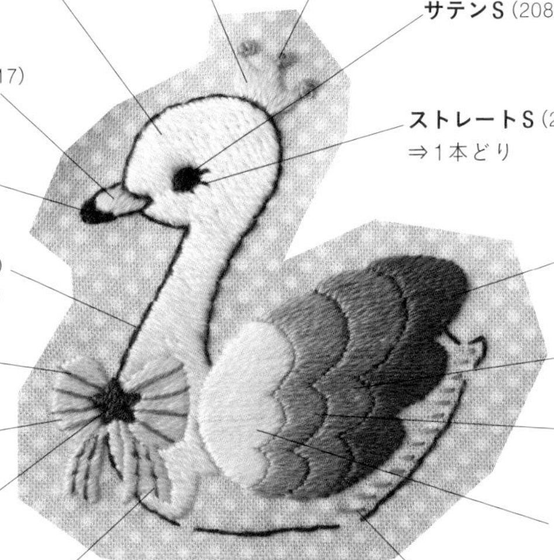

夢見るピンクのユニコーン »p.31

巾着ポーチの材料と作り方は
p.94~95を参照

＊指定以外はすべて2本どり

レッスン中の ウサギ姉妹 »p.32

＊指定以外はすべて2本どり

顔のパーツは
ストレートS（208）
⇒1本どり
ステッチの仕方はp.56参照

刺繍前の工程（アップリケをする）は、p.47~48を、刺繍後の工程（ビーズやスパンコール、チュールの縫いつけ等）は、p.48~49を参照してください。

バスケットに入っちゃったウサギ »p.34

＊指定以外はすべて2本どり

鼻と口は**ストレートS**(898)
⇒1本どり

野原で遊ぶ
花冠のウサギ »p.35

＊指定以外はすべて2本どり

目は**サテンS**(839)
まつげは**ストレートS**(839)
⇒1本どり
鼻と口は**ストレートS**
⇒1本どり
左のうさぎは829
右のうさぎは167

掲載作品の実物大図案

春を告げるツバメ
»p.4

アネモネとバンビ
»p.5

いちごが大好きな
カエル »p.6

チューリップを
持つウサギ »p.7

たんぽぽを
持つクマ »p.7

きのこ博士の
フクロウ »p.8

秋の実りを
運ぶロバ »p.9

きのこを傘さす
リス »p.10

どんぐりポシェットの
ウサギ »p.11

りんごを抱える
キツネ »p.11

サーカス団長の
ペンギン »p.12

玉乗りしている
ライオン »p.12

パラソルを持つ
キリン »p.12

ステージの上の
ゾウ »p.13

ピエロの
ウサギ »p.13

アリスのリス
»p.15

いたずら好きな
チェシャねこ
»p.14

せっかちな
白ウサギ »p.16

ハートの女王の
ヒツジ »p.16

帽子屋の
アライグマ »p.17

ティーポットに
入った眠りネズミ
»p.17

赤ずきんのリス
»p.18

赤ずきんと友だちになりたい
オオカミ »p.19

アイスクリーム
屋さんのウシ »p.20

カップケーキ屋さんの
クマ »p.20

プリン屋さんの
プードル »p.20

焼き立てバゲットを
持つパンダ »p.21

サンドイッチが
食べたいネコ
» p.21

メロンパンが
おすすめのハト » p.21

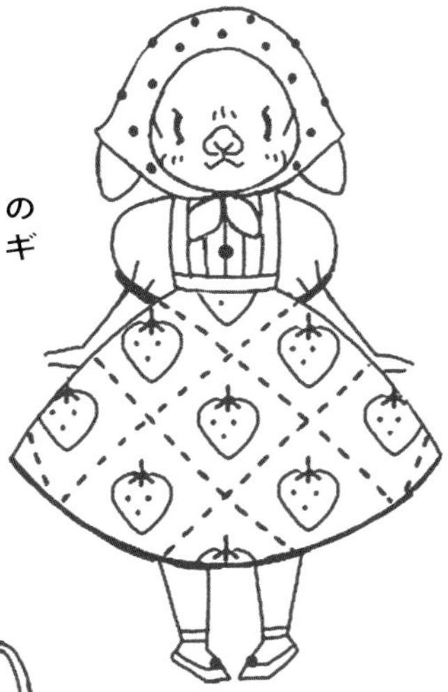

いちごの
ワンピースの
垂れ耳ウサギ
» p.22

りんごの
ワンピースの
ウサギ » p.22

オレンジのワンピースの
ウサギ » p.23

レモンのエプロンの
ウサギ » p.23

キウイのブラウスの
ウサギ » p.23

オランダ・フォーレンダムを
着たウサギ »p.24

蝶の柄の振袖を着たウサギ »p.26

チャイナ服の
パンダ »p.25

メキシコ・ポンチョの
インコ »p.25

矢絣の羽織に
ブーツを
履いたネコ »p.27

縞エプロンの
クマ »p.27

ぬいぐるみの
ウサギ »p.28

ぬいぐるみの
パンダ »p.28

虹をまとった
夢喰いバク»p.30

王冠を載せた
夢色スワン»p.30

夢見るピンクの
ユニコーン»p.31

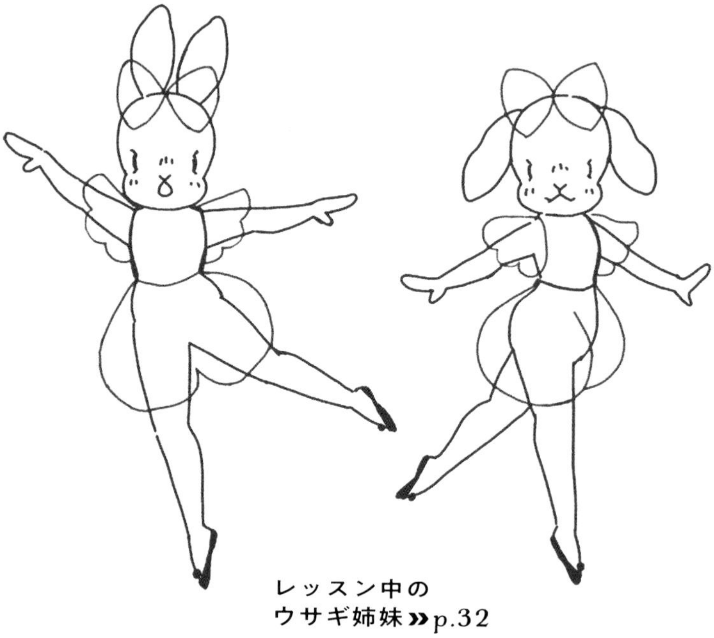

レッスン中の
ウサギ姉妹»p.32

バスケットに入っちゃったウサギ»p.34

野原で遊ぶ花冠のウサギ»p.35

小物の仕立て方

p.28~31に掲載の小物の作り方を紹介します。

ミニトートバッグ

▷仕上がりサイズ　約縦21×横21cm
＊持ち手含まず

◎材料（1点分）

表布　縦50×横50cm
裏布　縦50×横30cm

◎作り方

1　表布に刺繍をする。
2　表布を中表にして両脇を縫う。
3　裏布を返し口を残して、表布と同様に縫う。
4　持ち手用の布を観音折りにして、両端にステッチをかける。
5　表布と裏布を中表に重ね、持ち手を挟んで袋口をぐるりと縫う。持ち手は端を1.5cmずつ挟み込む。
※このとき、持ち手を表布の縫い代部分に仮縫いするとずれない。
6　返し口から表に返し、返し口をまつる。裏布を表布の中に入れる。
7　袋口に押さえミシンをかける。

〈表布・裏布〉

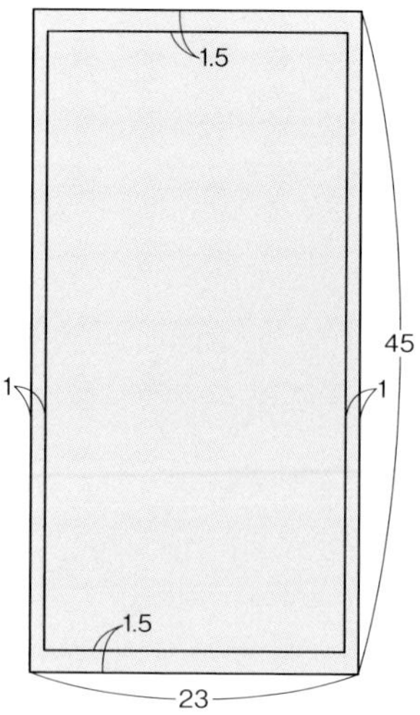

表布 1枚、裏布 1枚

〈持ち手〉

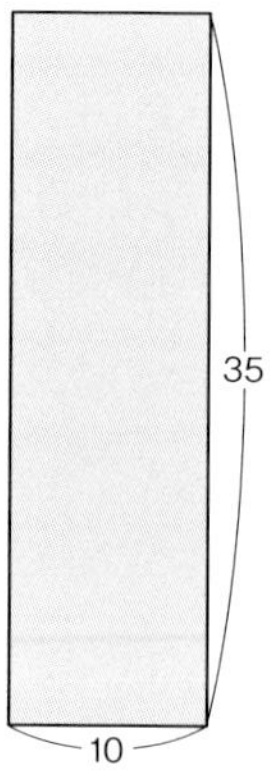

表布 2枚

2,3

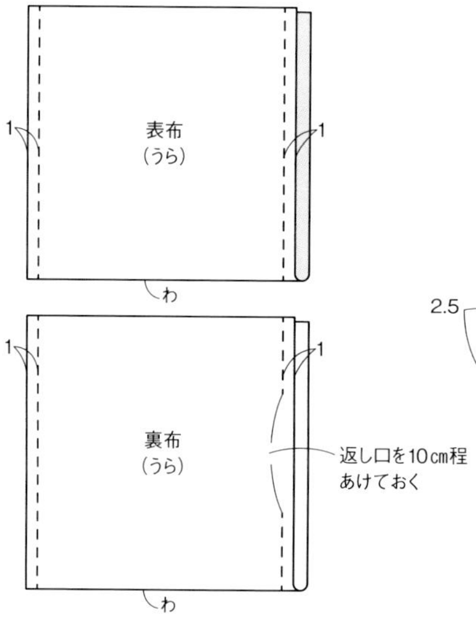

4

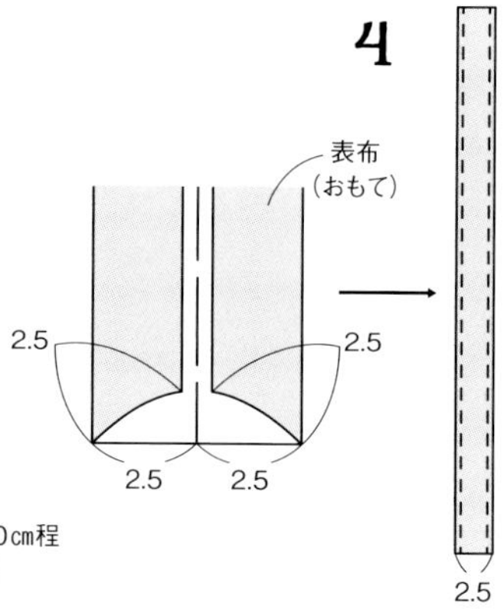

5

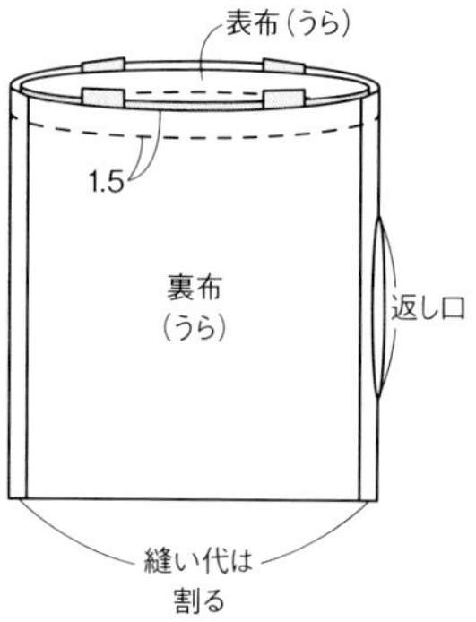

6

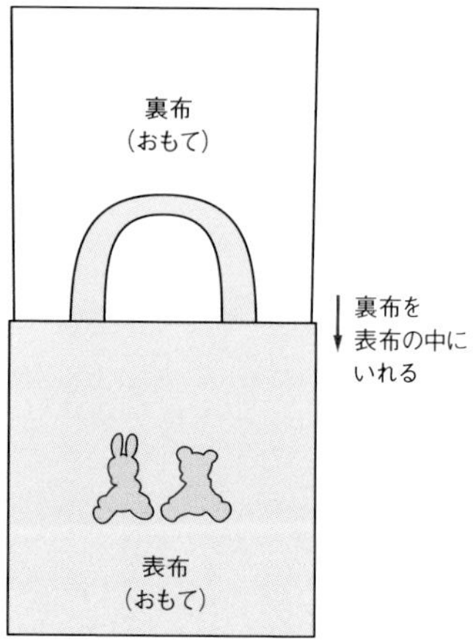

7

がまぐち

▷仕上がりサイズ　約縦10×横10.5cm

◎材料（1点分）

表布　縦15cm×横30cm
裏布　縦15cm×横30cm
口金　7.5cm丸型（幅7.8cm×高さ4.9cm）1個
紙ひも　約30cm
手芸用接着剤

◎作り方

1 表布の1枚に刺繍をする。
2 表布を中表にして縫う。裏布も同様に縫う。
3 表布を表に返し、口の縫い代を内側（布のうら）に折る。
4 裏布はそのまま縫い代を割り、口の縫い代は外側（布のうら）に折る。
5 表布の中に裏布を入れ、口をまつり縫いで縫い合わせる。
※コの字まつりだときれいに仕上がる。
6 紙ひもを口金の大きさに合わせ、2本に切る。
7 口金を開き、片方の溝に接着剤を均一に塗る。
※つまようじなどで溝の中全体に塗る。接着剤が多すぎると、本体をはめた際に溢れ出るので注意。
8 袋口と口金の中心を合わせて、口金に本体をはめる。目打ちなどで口金の奥まで布をしっかり押し込む。
9 紙ひもを中心から端へと、目打ちで口金に押し込んでいく。
10 接着剤が乾いたら、もう片方も同様にはめる。
11 口金の端をペンチで押さえつぶす。
※口金が傷つかないように、当て布をすること。

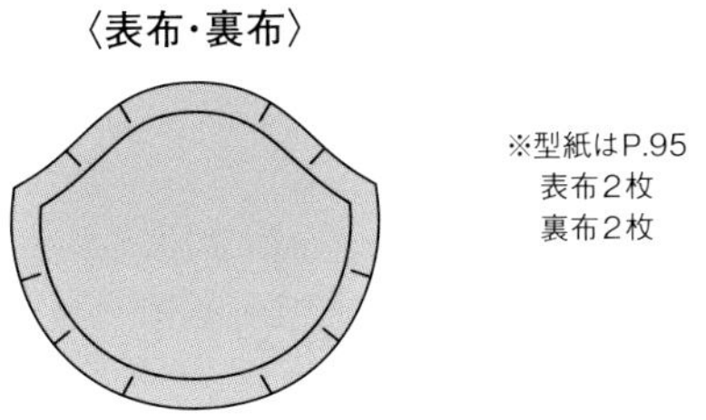

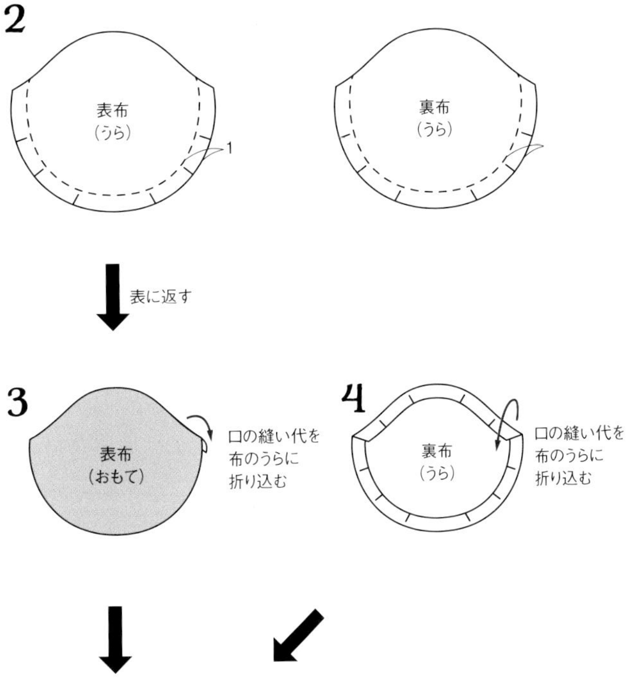

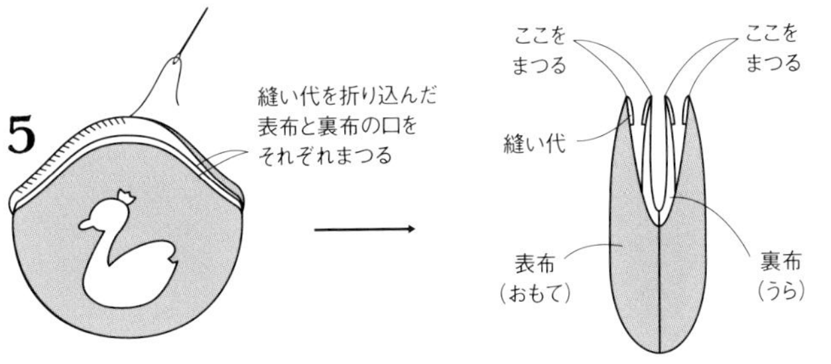

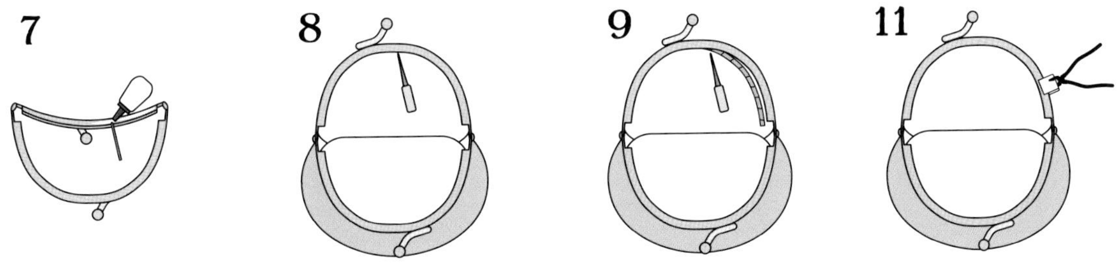

巾着ポーチ

▷仕上がりサイズ　縦18×横18cm

◎材料（1点分）

表布　45cm×45cm
裏布　45cm×45cm
ひも　90cm
※掲載作品ではサテンリボンを使用

◎作り方

1 表布に刺繍をする。
2 表布と裏布を中表に合わせ、口の部分を縫う。これを2組作る。
3 2を開いて縫い代を割り、表布同士・裏布同士を中表に重ね、周囲をぐるりと縫う。この時、表布にあるひも通し口と、裏布にある返し口は縫わずに残す。
4 返し口から表に返し、返し口をまつる。裏布を表布の中に入れる。
5 ひも通しの位置を縫う。
6 ひもを通し、端を結ぶ。

〈表布・裏布〉

※型紙はP.95
表布2枚
裏布2枚

2

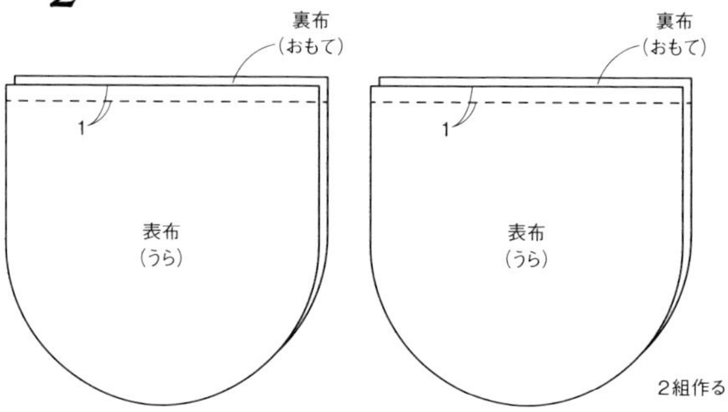

3

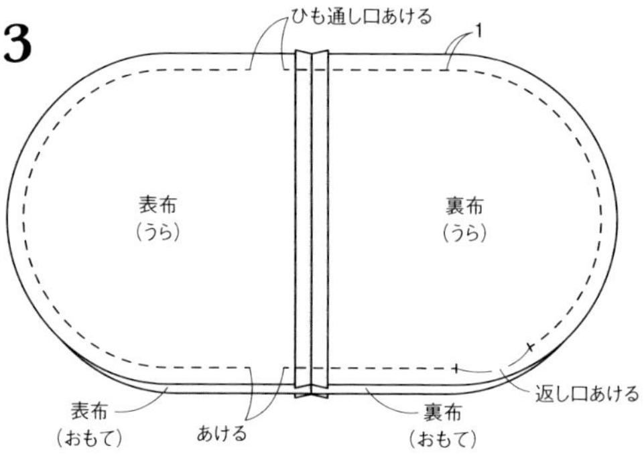

4

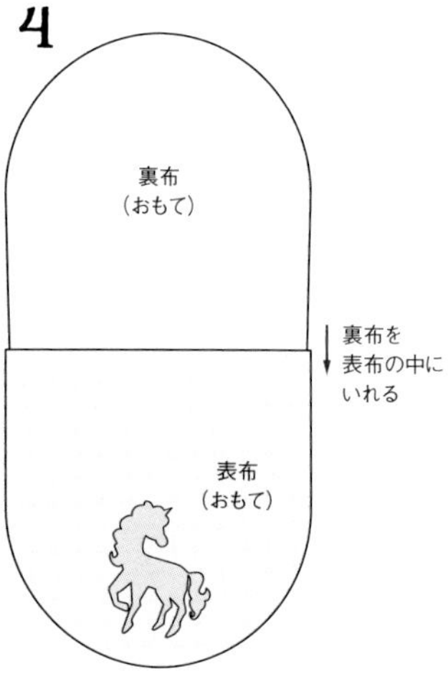

5

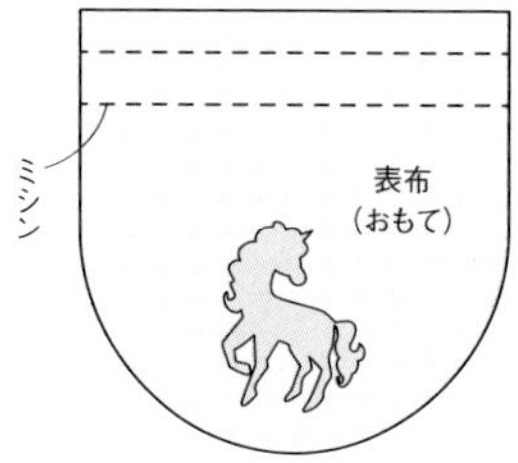

6

実物大型紙

p.93 がまぐち
p.94 巾着ポーチ

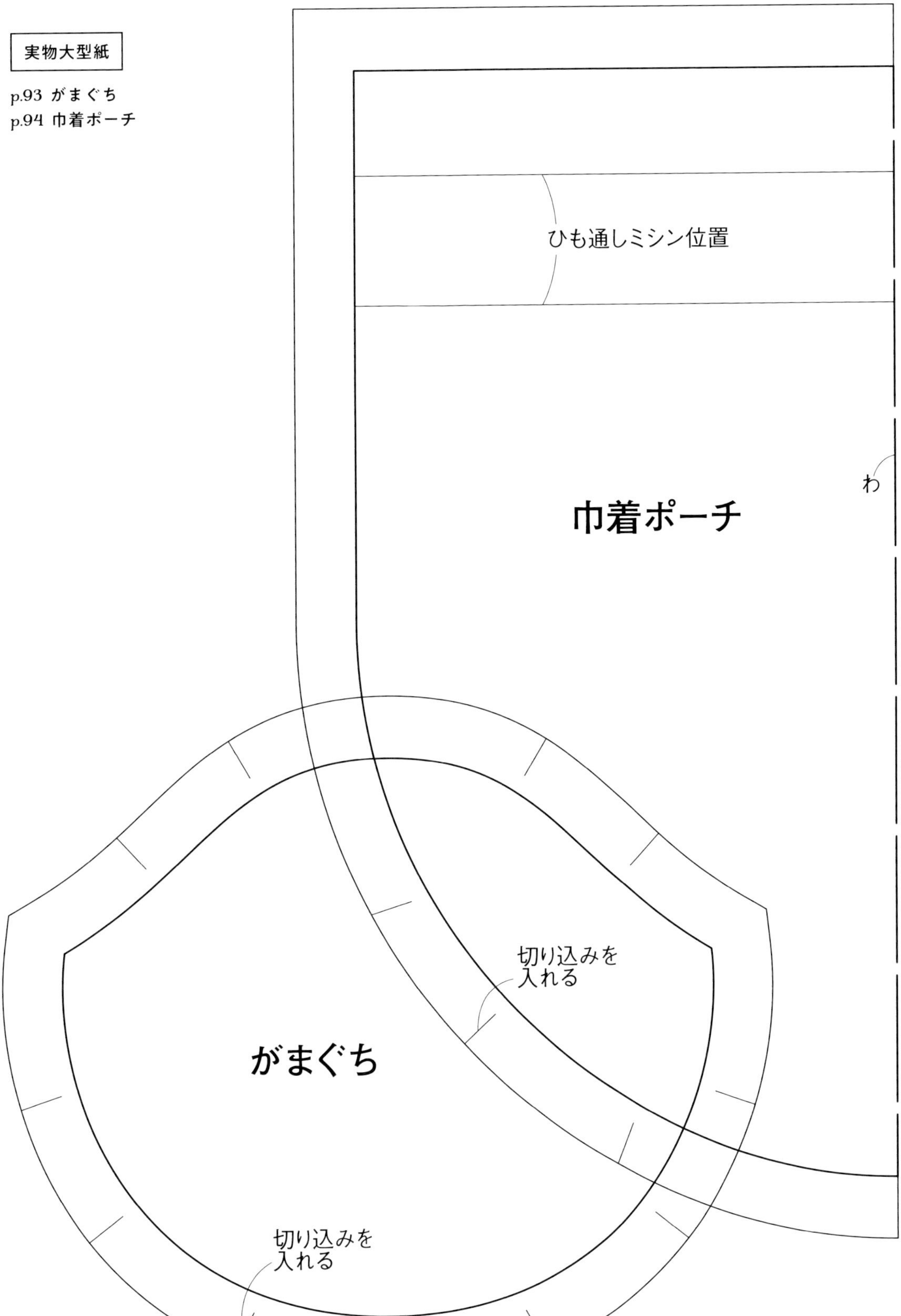

spica-pika《スピカピカ》

ヤマノウチ ユイ

刺繍作家。
メルヘンな動物の刺繍雑貨を制作し、
ハンドメイドサイトやイベントで販売している。
絵本のようなカラフルで優しい色づかいが特徴。
手に取ってくれた人の毎日が輝き、幸せな気持ちで
過ごせるような作品づくりを目指している。
作家名のスピカピカは、活動初期から刺繍し続けている
ウサギの姉妹スピとピカの名前でもある。
https://spica-pika.com/
https://www.instagram.com/spica_pika/

おとぎの森の動物刺繍

2021年2月18日　初版印刷
2021年2月28日　初版発行

著　者　ヤマノウチユイ
発行者　小野寺優
発行所　株式会社河出書房新社
〒151-0051
東京都渋谷区千駄ヶ谷2-32-2
電話　03-3404-1201（営業）
03-3404-8611（編集）
http://www.kawade.co.jp/
印刷・製本　凸版印刷株式会社

Printed in Japan
ISBN978-4-309-28866-6

STAFF

デザイン　いわながさとこ
撮影　わだりか（mobiile,inc.）
スタイリング　大島有華
図案トレース、作り方図　ウエイド
ステッチ図　渡辺梨里香（Pear Fields）
編集協力　山元美乃
校正　ディクション

作品制作協力　井上公子
撮影協力　AWABEES、UTUWA